佳人风华——幽兰独抱真香色

鱼丽 著

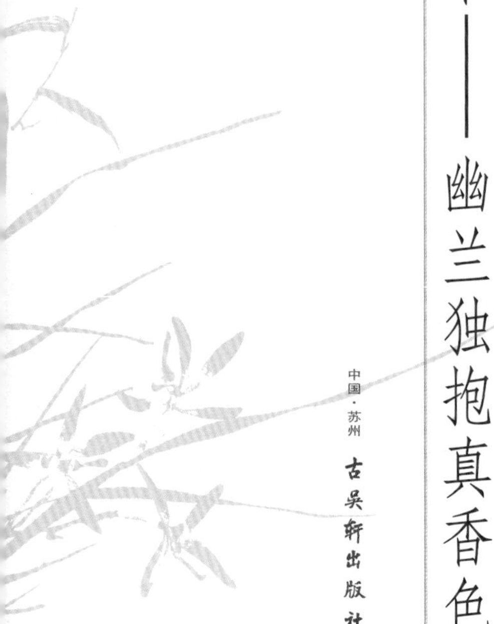

中国·苏州
古吴轩出版社

图书在版编目（CIP）数据

佳人风华：幽兰独抱真香色 / 鱼丽著. — 苏州：古吴轩出版社，2019. 6
（闺秀笔记）
ISBN 978-7-5546-1381-8

Ⅰ. ①佳… Ⅱ. ①鱼… Ⅲ. ①女性—名人—生平事迹—中国—民国 Ⅳ. ① K828.5

中国版本图书馆CIP数据核字（2019）第112453号

责任编辑：陆月星
见习编辑：赵亚婷
装帧设计：刘雨馨
责任校对：鲁林林

书　　名：佳人风华——幽兰独抱真香色
著　　者：鱼　丽
出版发行：古吴轩出版社
地址：苏州市十梓街458号　　邮编：215006
Http：//www.guwuxuancbs.com　　E-mail：gwxcbs@126.com
电话：0512-65233679　　传真：0512-65220750
出 版 人：钱经纬
印　　刷：无锡市证券印刷有限公司
开　　本：889 × 1194　1 /32
印　　张：5.5
版　　次：2019年6月第1版　第1次印刷
书　　号：ISBN 978-7-5546-1381-8
定　　价：38.00元

| 闺秀心语录 |

鱼丽是上海一位女作家，一直心细如发，一身清气，情怀高洁，念想的是女性世界的那些佳人逸闻与昔时旧事。她把目光投向众多奇女子对文化事业的贡献，努力搜寻珍贵的资料，用生花之笔为取得精湛成就的闺秀们（主要是在文学、书画、戏剧等方面做出成绩者）一一书写传奇。鱼丽呕其心、沥其血，倾其素心与关爱，在纸上复活了一个个贤淑、勤奋、圣洁、鲜活的灵魂……读来亲切而令人动容！而且一读之下就有广我见闻、增我知识收益之感！

在我看来，凡闺秀必是女中佼佼者，温厚，优雅，贤惠，大度。她们是谦和有礼、学识丰厚、心灵圣洁、性情敦厚且又讲究精致生活的女子！她们秀外慧中，又具有关怀世情冷暖的美德。历史烟云和岁月风霜不能消磨她们的天生丽质，不能消泯她们高尚、宽容而超凡脱俗的性情。在做人上，她们讲究规矩，坚守原则，却因而被人误解为有点“守旧”。实际上，闺秀最能守住底线，决不会做“出格”的事！这套丛书一共描摹了48位闺秀，她们是女中人杰，可称为在文林艺海之探索实践中做出贡献者，今举要略述之：

《蔼蔼岁月有沉香》中的张充和温润，典雅，秀丽，其笔墨轻盈软和，“有做梦的味道”。张充和擅绘事、工笔小楷，可我不知道的珍闻是她在20世纪30年代中期，曾以各种笔名发表小品、散文乃至短篇小说，文笔清丽，韵味深长。

《清阁里的一枝红梅》一文让我们看到冰雪聪明、充满才情而又有着不凡经历的赵清阁。文中说她曾主编一本小说集，将陆小曼、苏雪林、冯沅君等12位女作家的作品集于一书；又说其生活情趣高雅，曾采雪存储备置，用雪水烹茶，且她的画作《泛雪访梅图》诗意盎然，极富文人画韵味。

《闺秀的精致与感伤》一文说：“民国闺秀的故事有繁有简。她们铅华洗尽，返璞归真，历尽世间的奢华百态仍清澈如水。闺秀的幽婉娟情、精致气质，是无法用语言来形容的。”这段话就是对闺秀的确切评价。本文说葛福灿虽已八十高龄，但是肤色白净，仍然可见年轻时的清秀美质，美人迟暮而高雅依然。曾做过小学教师的她古文底子也很深厚。正是这些传统的古典优雅涵养造就了闺秀的美丽芳华，至老不泯。

《一代画师沧桑事》记录王叔晖在画艺上的精湛与不同凡响。她画《西厢记》人物前后历时30年，精益求精下曾经三易其稿。后被选中作为特种邮票的《西厢记》，其画面上文雅的张生、美丽的崔莺莺仿佛走下画幅迎面款款而来，赢得广大读者的喜爱，她也因此享有“大师”盛名。

《杏芬旧影痕》中，光绪年间海上女画家吴淑娟亲得自然界山水灵秀之浸润，故其画“气韵万千，花卉秀润欲滴”。且其人美怀民瘼，曾将画润之资悉数捐作赈灾款。

我还欣赏书中美丽的文字，文笔清丽秀气，时见神来之笔，如“她们憩在时光水墨深处，风俗画般意味深长”“云为诗留，山随画活”……这样饱润诗性之语甚多，是滋养人的文字！鱼丽作品的语言沉浸在浓浓的人文情味中，笔下自然会流出胸中的清气，感染读者。语云“美意滋文”，此言非虚！

我一直对闺秀们的才学修养心怀敬意，她们的外表一般端庄高贵，冷峻而不冷漠，她们在做人上品格高尚、气度不凡而波澜不惊。从容、淡定、谦和、知足、惜福、随缘、有温度是她们人格魅力所在。虽然，她们的内秀实在不是一般女性所能企及，但是在以往的岁月里，实际上，很多闺秀是不难发现且亦非凤毛麟角的，她们往往就在我们身边。

鱼丽出身知识分子家庭，我作为她的一位“书友”，知道她本人一直全身心浸润于书业之中，勤奋读书，坚持创作，她本人就是一位“大家闺秀”！唯此，方有此雅怀与锦绣文字写出闺秀的多才艺、真性情、高格调与不凡的气度。这位饱含对生活之爱心的文士，更以女性独具的锦心、独步的文心、独特的关怀、独到的视野，完成了这充满清芬书香的著作。这本身就是一种人文关怀！弘扬闺秀精神，提升文明高度，也许正是鱼丽写作之初心。她为这些闺中女杰立传，也为芸芸众生树立了标杆！

原上海辞书出版社编审、作家

目 录

风华传奇

吕 碧 城　赢 得 东 南 独 自 飞

严 幼 韵　旗袍美人的百年传奇

陆 小 曼　丹 青 度 化 寂 寥 人 生

张 幼 仪　云 裳 岁 月 里 的 风 华

宇宙何寥泬，天高爽气多。
梦魂闻鼓角，风雨黯关河。
诗笔随秋老，浮生共墨磨。
百年惊瞥电，酾酒且高歌。

——吕碧城《秋兴三首》(之一)

一抹春痕梦里收，草长莺飞，柳细波柔。珠帘十里荡银钩，筝语东风，那处红楼。

别有前程忆旧游，几日韶华，赋笔生愁。长安云物恋残秋，铃语西风，那处红兜。

——吕碧城《一剪梅·一抹春痕梦里收》

吕碧城　赢得东南独自飞

翠羽轻衣的奇女子

绿蚁浮春，玉龙回雪，谁识隐娘微旨？夜雨谈兵，春风说剑，冲天美人虹起。把无限忧时恨，都消酒樽里。

近代大诗人樊增祥初读此词上阕，便觉得气势不凡。再读下阙，不禁拍案：

君知未？是天生粉荆脂聂，试凌波微步寒生易水。漫把木兰花，错认等闲红紫。辽海功名，恨不到青闺儿女，剩一腔豪兴，写入丹青闲寄。

当他得知这首《法曲献仙音》是一位12岁的小才女吕碧城在观《虚白女士看剑引杯图》后填的，更是赞不绝口。

出蓝才女，侠骨柔肠。一心向慕荆轲、聂政、花木兰等历史英雄的才女吕碧城，在清末民初时期，可谓声名与才华并重。

吕碧城

安徽旌德，文风昌盛，名人辈出。吕碧城祖籍为此钟灵毓秀之地，自非等闲青闺儿女，堪称民国第一奇女子。虽然她的身影一度被时间湮没，但历史终会还原真相。

吕碧城姐妹四人，她为老三。父亲吕凤岐，曾做过山西学政，与张之洞共同开办著名的令德书院，号称家有藏书三万卷。吕碧城生于这样一个家学渊源的世家，耳濡目染，自幼即有才藻之名，工诗文，擅丹青，能治印，并娴音律。可才女毕竟时乖运蹇，就在她12岁时，父亲因病去世且无子嗣，其家族拒绝分配遗产，母亲只好带着四姐妹投奔在塘沽任盐课司大使（八品官）的舅父严凤笙。在那里，她接受了良好的教育，接触了不少新知识。

在十五六岁时，吕碧城已打下扎实的国学根底，且于诗词方面的造诣颇深。其词才气之高，樊增祥、吴宓、钱仲联、龙榆生等词家均有褒扬。樊增祥还曾在吕碧城手辑的《吕碧城集》中，题诗曰：

香茗风流鲍令晖，百年人事称心稀。
君看孔雀多文采，赢得东南独自飞。

女作家苏雪林经常在报上读到吕碧城的诗词，也学着写一些旧体诗，可是，相比吕碧城的词，却自愧为山村歌谣。有人曾劝苏雪林向吕碧城写信请教，请她收于门下，有她的指点，也许可以渐跻大雅之堂。可是苏雪林虽一直心怀仰慕之情，却不敢向吕碧城亲近。她清楚地记得，自己曾保存一张吕碧城的玉照，这是她从某杂志上面剪下来的。照片上的吕碧城，穿着黑色薄纱的舞衫，胸前及腰以下绣孔雀翎，头上插翠羽数支，美艳有如仙子。苏雪林曾将此像收藏多年，直到抗战发生，她入蜀避难才不幸遗失。以此可见，她对这位女词人是如何钦慕。

吕碧城容貌秀美，气质高雅，樊增祥曾有七绝称吕碧城的风采："耽香爱洁俭妆梳，尘拂瓶花伴读书。乞与肉身水仙号，满衣香雾女相如。"一介名士步章五也有诗描述初见吕碧城的印象："曾挟飞仙谒圣因，碧城缥缈绝红尘。坤兴众说多灵秀，自谓平生见此人。"吕碧城的秀美、清雅，因诗人之笔而活灵活现。

"雪冷空林，云封幽谷，遥忆清芬何处？"吕碧城是一位女词人，她的异服装扮也与她的词一样醒目。吕碧城爱一身彩衣标新立异，常穿西式晚礼服，袒露着背部，并摄影拍照赠送给朋友。她又擅长交际舞，非常"摩登"，在十里洋场的上海滩出尽风头，让世人瞩目。

据掌故大王郑逸梅的记载，有人把她比作《红楼梦》中的史湘云。这是一位诗笔随秋老、酾酒且高歌的女词人，让人既喜爱她的翠衣轻羽，也爱她的剑样英姿。

一南一北两"碧城"

吕碧城的"碧城"之名取自李商隐《碧城》三律。她与"鉴湖女侠"秋瑾都偏爱这一称号，也为此有缘结下"南北两碧城"的佳话。

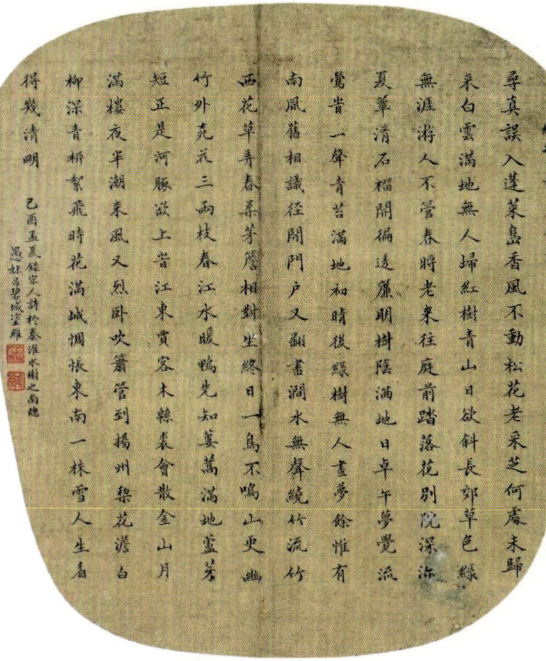

书法团扇　吕碧城书

1904年的一天，吕碧城正在天津报馆忙于著述，忽见馆役拿着一张红色的名片走进来，嘴里嚷着：“外面来了一位梳头的公子哥，说要见你。”等人来后，吕碧城见她穿着长袍马褂，一副男人的装束，可是头上却又梳着女人的发髻。来人正是秋瑾。

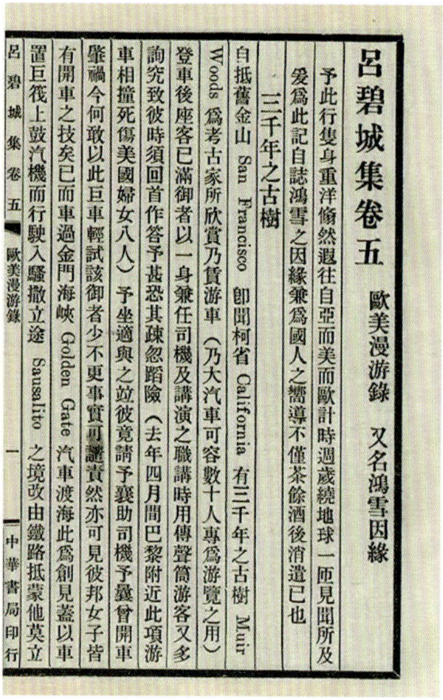
呂碧城集卷五　歐美漫游錄　又名鴻雪因緣

予此行隻身重洋倐然遐往自亞而美而歐計時週歲繞地球一匝見聞所及爰爲此記自誌鴻雪之因緣兼爲國人之嚮導不僅茶餘酒後消遣已也

三千年之古樹

自抵舊金山 San Francisco 即聞柯省 California 有三千年之古樹 Muir Woods 爲考古家所欣賞乃賃游車（乃大汽車可容數十人專爲游覽之用）登車後座客已滿御者以一身兼任司機及講演之職講時用傳聲筒游客又多詢究致彼時須回首作答予甚恐其疎忽蹈險（去年四月間巴黎附近此項游車相撞死傷美國婦女八人）予坐適與之竝彼竟請予襄助司機予曩曾開車肇禍今何敢以此巨車輕試該御者少不更事實可譴責然亦可見彼邦女子皆有開車之技矣已而車過金門海峽 Golden Gate 汽車渡海此爲創見蓋以車置巨筏上鼓汽機而行駛入騷撒立途 Sausalito 之境改由鐵路抵蒙他莫立

呂碧城集卷五　歐美漫游錄　一　中華書局印行

左　《欧美之光》书影　吕碧城编译
右　《欧美漫游录》书影　吕碧城著

原来，吕碧城成年后，逃出家门，独闯天津，后在《大公报》任见习编辑，并在《大公报》上发表了大量诗词及政论文章，“碧城”之名享誉全国。而在此之前，秋瑾也有诗文署名“碧城”流传，很多人都以为署名“碧城”之作均出自秋瑾之手，生出许多误会。“南碧城”秋瑾在读了“北碧城”的佳作后，也为其荡气回肠的文采所触动，于是慕名前往《大公报》拜访这位“北碧城”。

虽然这次相见仅四天，但是两人一见如故，情同姐妹，每晚同榻而寝，夜雨谈心，春风说情，叙尽青闺间儿女心事。两人惺惺相惜，而且秋瑾慨然应允，取消“碧城”的名号，以之为吕碧城专用。这次见面被时人誉为“双碧城会”。

秋瑾赴日留学后，曾写信给吕碧城，诚邀她参加革命。吕碧城婉拒了。1907年秋瑾回国后创办《中国女报》，吕碧城撰写了发刊词。秋瑾遇难后，诸报噤声，吕碧城用英文写了《革命女侠秋瑾传》发表在美国的报纸上，叙述了自己与秋瑾的交往，还赋诗“残钟断鼓今何世，翠羽明珰又一天。尘劫未销惭后死，俊游愁过墓门前”，追怀好友，以寄托哀思。同是才女奇情，特立独行，同样倡女权风，具英雄魂，只是两人秉持的人生观念不同，人生结局也迥然不同。

1918年，吕碧城前往美国就读哥伦比亚大学，攻读文学与美术，兼为上海《时报》特约记者。她深有东方女子的高贵温婉，典雅内敛又馨香如兰。四年后学成归国。

1926年，吕碧城再度只身出国，漫游欧洲大陆的名胜古迹，除了游览湖山，怡养性灵外，她还将自己的旅途见闻写成《欧美漫游录》（又名《鸿雪因缘》）。锦心绣口的女子，将西方的风土人情用古典诗词来描绘。她创作的异域风光词脍炙人口，传诵一时，也为词苑增光添色。

国际扬芳名

不可胜数的女词家以佳词丽句行吟于世，吕碧城却天然眉目含英气，以弘扬词坛闺秀豪放之风，秀出闺阃，卓然挺立。有人曾将她和杭州陈翠娜、宁乡陈家庆、扬州丁宁、海盐沈祖棻并称为词坛的“五朵金花”。

这位有“近三百年来词家殿军”之誉的女词人，也是南社的重要成员，后来却刊落浮华、不事词翰，定居在瑞士日内瓦湖畔。

1928年，吕碧城加入了世界动物保护委员会，决计创办中国保护动物会，成为中国第一位动物保护主义者。12月25日，吕碧城开始断荤，但仍吃鸡蛋。1929年，国际保护动物会在维也纳召开大会，邀请在日内瓦的吕碧城参加。5月13日这天，吕碧城身穿极具中国传统特色的拼金孔雀晚礼服，头戴珍珠抹额，大大方方走上讲台。她用英语讲述了中国五千年的文明历史中，自古就有保护动物的传统；现在的中国也仍有多数佛教徒，平时提倡素食，完全赞成保护动物。她主张全世界一切爱好和平者持有废屠的心愿。讲完之后，她将有关的佛学启蒙书籍散发给与会代表。当她走下讲台时，座下的听众纷纷拥上前来，将她团团围住，其中有人自称是佛教徒，表示坚决赞同她的观点，还有人拿出资料请她签名。

此次会议之后，吕碧城成了一个焦点人物，世界各大报社记者都来为她照相。尤其当大家看到吕碧城气质不凡、容貌秀雅之后，更觉惊艳不已。维也纳的一家报纸就报道说："会中最有兴味、耸人视听之事为中国吕女士之现身讲台，其所著之中国绣服裔皇矜丽，尤为群众目光集注之点。"

至1930年春天，48岁的吕碧城在日内瓦皈依佛教，自号"宝莲"，室内悬挂观音大士像，辑录护生佛语录。此时，她连鸡蛋也不吃了。之后，她不再沉湎于诗词，并打算绝笔文艺，专心从事用英文译释佛经。她也将佛教的戒杀等论说在报纸上广为宣传。许多国家的素食杂志纷纷登载她的文章和照片。受她的影响，欧洲各国陆续有人来到中国华山，受具足戒，皈依佛门。

1933年，吕碧城从瑞士回国旅居，在上海捐款十万元给红十字会，倡导动物保护。1939年，第二次世界大战爆发，吕碧城由瑞士返回香港，住在香港山光道自购的一所房子中，后搬入东莲觉苑。1943年1月24日，一代女词人在香港九龙孤独辞世，享年61岁。从此，擅旧词华、具新理想的新女性成为绝唱，一个时代远去了。

"冰雪聪明绝世姿，鸿泥白雪耐人思。"龚自珍有一首词，正好可形容这位风致娟然的一代词媛：

十年千里，风痕雨点斓斑里。莫怪怜他，身世依然是落花。

每天都是好日子。

——严幼韵

我有一个秘密：乐观。不要纠结于往事，多花些时间思考如何创造更美好的未来。

——严幼韵

严幼韵　旗袍美人的百年传奇

上海滩“84号小姐”的故事

1927年的秋天，正是上海桂花飘香的季节，一辆车牌为“84号”的别克轿车停在了复旦大学的校门前。风华正茂的严幼韵，穿着一身大方得体的旗袍，从车内探出身来，抬眼打量着眼前的学校，内心充满了喜悦。

这位旧上海的富家大小姐，曾是天津中西女中的学生。两年前，她考入沪江大学学习，当她听说复旦大学准备招收女生，欣喜若狂。要知道，这可是复旦有史以来第一次招收女生。她积极申请转校，现在终于如愿以偿，就读复旦商科。这是一件多么有意义的事情。她迈着优雅的步伐，追随着其他风华正茂的女大学生，一起步入绿意葱茏的复旦校园。

后来，严幼韵就坐着这辆“84号”别克轿车，由司机专送去上学。而且她每天都要换一身旗袍，优雅至极。在20世纪20年代的上海，别克轿车可是稀缺货。在复旦校园里，男生对这位爱穿旗袍的年轻女学生都很好奇，也很感兴趣，经常在背后议论她的来历，却不知她的尊姓大名。久而久之，他们就以她的车牌来称呼她：84

复旦大学老照片

号小姐。有的男生还将英语“Eight Four”念成了沪语“爱的花”，以此可见严幼韵当时颇具风华之貌。

风华之人必行风华之事。身着旗袍的严幼韵，乐学苦读，卓尔不群，不让须眉，在复旦校园，成为一道前所未有的景致。每到周末，她都去看电影、跳舞、滑冰、游泳，或者去凯司令喝茶，或者去逛兆丰公园（今中山公园），过着与普通女生不一样的生活。即使是择偶标准，她也与众不同——“未来的夫婿不仅必须赢得我的爱慕，还必须是我尊敬的人”。

跳舞是她一生的爱好。严幼韵在二十芳华，每个星期日的下午，会穿西式衣裙、白鞋子到大华饭店跳舞。这里有大块草坪，有葱郁的树木，是当时上海最为豪华的花园式旅馆，达官贵人云集。1927年12月1日，蒋介石和宋美龄在大华饭店举行过盛大的婚礼。正是通过跳舞，严幼韵认识了善于交际、精于跳舞、时任南京国民政府外交部驻上海特派员的杨光泩。杨光泩出身于大丝绸商家庭，1920年毕业于清华大学，后公派留学，获得科罗拉多大学文学学士学位、普林斯顿大学国际法和政治学博士学位，被公认为前途无量的青年才俊。

佳偶天成，两人就此喜结良缘。婚后的严幼韵跟着丈夫去南京、伦敦、日内瓦、上海、巴黎、马尼拉等地任职。但随着1937年卢沟桥事变的爆发，与那个时代所有遭受苦难的名门闺秀一样，这位生活优渥的外交官夫人，开始了颠沛流离的生活。

黑暗年代里的保护佳人

1941年12月8日清晨，严幼韵如往常一样，正在卧室梳妆打扮，杨光泩却神情严肃地冲进来说：“日本人轰炸了珍珠港，这意味着日本人向美国宣战了！”

珍珠港事变爆发，局势越来越紧张。1942年1月2日，日军进入马尼拉，战争的浓烟遮天蔽日。1942年4月，时任中国驻菲律宾首都马尼拉总领事的杨光泩与其他七位领事馆官员惨遭日本人杀害。因怕被国际社会谴责，日本人将这一消息秘密封锁。

领事馆八位官员集体失踪。一时间，八个家庭，“群龙无首”，没了经济来源，也无安顿之处，太太、孩子、用人、厨师、亲戚，总共二三十人，全都慌作一团，拿不定主意。此时，37岁左右的严幼韵挺身而出。作为总领事的太太，她以家中“长者”的身份，撑起这“一大家子”。她率领这支家眷队伍开荒辟地，种菜、种豆、养鸡、养鸭、养猪、挖水井、腌咸菜，学习做酱油、做肥皂……没有电，没有煤气，也没有汽油和自来水，一切都像回到了原始状态。有一次，她带领大家在防空洞里藏了三天。为了躲避战争，她还得带着大家不断地搬家、逃难。在临街的卧室里，每当听到汽车慢慢驶过前门，她就会紧张，听到士兵的靴子踢在石板路上的声音就会畏缩。生活极为动荡，经济极为拮据，严幼韵和孩子的健康也遭到损害。可以说，在马尼拉的岁月，是她此生度过的极为恐怖与艰难的日子。尽管困难重重，经济也已濒临崩溃的边缘，但当朋友雅斋带着11岁的儿子向她伸手求援，她毅然决然收留下雅斋母子，而且

严幼韵与杨光泩在大华饭店举行盛大的婚礼　1929 年

《一百零九个春天：我的故事》书影
严幼韵口述

整个战争期间，她们都相伴左右，直至抗战胜利。

面对命运的骤变，这位上海名媛淡然而又坚定，她后来如此回顾这段岁月：“现在回过来看，当时的我们确实非常勇敢。我们那时比我现在大多数的孙辈都要年轻——我与莫太太（莫介恩领事的夫人）30多岁，其他一些人则更年轻。尽管我们不知自己的丈夫生死如何，非常担忧我们的孩子，我们自己的命运也完全无法确定，但我们直面生活，勇往直前。”

1945年3月，严幼韵带着三个孩子随美军前往美国。一直到了旧金山，她才得知杨光泩遇害的消息。后来，严幼韵定居在纽约，并嫁给了比自己大20岁的著名外交官顾维钧，一直陪伴在他左右，直到其98岁终老。

百岁名媛的风华人生

纽约的时尚美发店有时会迎来一位款款走来的百岁客人，她穿着一身精致的旗袍，踩着高跟鞋，让理发师为自己做一个漂亮时髦的发型。当发型弄好后，她会对着镜子仔细端详，如有不满意，会让理发师修整，直到打理出满意的发型。看到她这么大年纪，却还能保持如此优雅的心态，大家都感到不可思议。

她身上的那袭旗袍也尽显东方女性之美。其实，装扮得体对严幼韵来说是毫不费劲的事，她一辈子保持了一颗爱美之心，每天总是早起，画好精致的妆容，再挑一件自己喜欢的旗袍会客。她有时会穿一款宝蓝底、红玫瑰花的旗袍，尤为优雅高贵，一颦一笑，尽显气质。日常生活是如此，节假日或是生日派对更是她展示自己的好机会。

她在111岁那年，举办过一场隆重的生日庆典派对。200多位亲朋好友出席，钢琴家郎朗为老寿星即兴演奏，建筑大师贝聿铭虽已高龄，却也来现场为她送上祝福。那天，她画着精致的妆容，穿一袭精心剪裁的旗袍，踩着一双高跟鞋，无比优雅地与孙子、女婿等人翩翩起舞。有人问她："严先生，您穿着高跟鞋不累吗？"她淡然一笑："我一辈子穿高跟鞋，习惯了。"女儿在一边笑着说："上帝已经把我妈妈忘了。"《纽约时报》曾报道她长寿的秘诀是"保持一颗愉快的赤子之心，不运动、不吃药、不为往事所感伤”。

严幼韵性情开朗，交友广泛：她与第一任丈夫杨光泩到欧洲期间，与蒋士云、贝祖贻夫妇，胡世泽、陈秀英夫妇成为好友，与黄蕙兰也颇有往来……她嫁给著名外交家顾维钧之后，与他的朋友也有亲切交谊，如原中国驻维也纳总领事何凤山，唐星海、温金美夫妇……

从她丰富的人生履历中，我们还能看到民国古钱币收藏家张叔驯、荣氏家族的荣鸿三、香港首任特首董建华、上海银行老总朱如堂夫妇等人的身影。其中，亦不乏老上海的名门闺秀：她来到香港，与宋子文夫人张乐怡结成闺蜜；而在马尼拉，除了菲律宾的政要、美国的麦克阿瑟将军外，赵四小姐赵一荻也是她聚会上的常客；还有孔祥熙的女儿孔令仪、上海名媛唐瑛、徐志摩的原配夫人张幼仪、张幼仪的妹妹张嘉蕊、“海上阿叔”的妈妈王定珍、张静江的侄媳妇徐懋倩……

她交往的朋友有江南名媛、联合国官员、哈佛学者……透过严幼韵的朋友圈，我们几乎可以窥探到整个中国近现代史。

百岁老人严幼韵的一生，经历了一个世纪的颠沛流离，也见证了一个世纪的沉浮与沧桑。

严幼韵 109 岁生日席卡　宋路霞老师赠送

陆小曼写文章，蕴藉婉约，很美，又无雕凿之气。她的工笔花卉和淡墨山水，颇见宋人院本的传统。

——刘海粟

陆小曼　丹青度化寂寥人生

名家题跋的山水长卷

1931年11月，当诗人徐志摩乘坐的飞机失事，“轻轻地挥手，作别西天的云彩”之际，却有一幅山水长卷，因为放在机上的铁匣子里而得以保存，成为难得的一件纪念品。

这是陆小曼1931年春创作的。当时，正值“九一八”事变前夕，日本人正步步窥伺入侵我国东北三省。陆小曼挥毫创作的这幅山水画卷，寄托了自己对祖国河山的热爱，希望祖国河山免受日本的践踏。秀润天成的山水长卷，出自淡雅灵秀、有林下风致的陆小曼之手，在徐志摩的心中，尤为珍重，他将这幅长卷带到北平，请多位名家题跋，以示珍念。胡适在上面题：

> 画山要看山，画马要看马。闭门造云岚，终算不得画。
> 小曼聪明人，莫走这条路。拼得死工夫，自成其意趣。

胡适虽然说过，陆小曼是一道不可不看的风景，但对陆小曼的绘画创作，却提出了自己的看法。他承认这幅画陆小曼是下了

陆小曼

功夫，但觉得这只是“闭门造云岚，终算不得画”。学者杨杏佛提出不同观点，他认为中国的文人画，主要是在抒发个人的情感，不必追求形式，只要寄情于山水，为人生找到一条精神上的出路就行。画家陈蝶野夸赞陆小曼天资聪明，她的画作纯任自然，自有其价值，又勉励陆小曼绝不可以此自满，因为学无止境，绘画也是如此。邓以蛰、贺天健、梁鼎铭等名家也在画上有题跋，使之成为一幅别有意味的山水长卷。

徐志摩将这一山水长卷视若珍宝，他于当年冬天从上海飞往北平之时，箧中仍携带着它。如今诗人云消，此画长存，是足以值得留念的。后来长卷辗转到了学者陈从周的手上，作为徐志摩的表妹夫，他情不自禁写下《含泪中的微笑》一文，详细记述了陆小曼这一山水画卷的来龙去脉。

陆小曼的别样才情

柔美秀雅的陆小曼，别名小眉，江苏常州人，出生于上海。父亲陆定于日本早稻田大学毕业，是日本名相伊藤博文的得意弟子，曾参加孙中山先生的同盟会，国民党南京政府成立后，经同乡推荐入度支部（后为财政部）供职，历任司长、参事、赋税司长等职。母亲吴曼华，是常州白马三司徒中丞第吴耔禾长女，人长得韶秀曼丽，且聪慧绝顶，妙解音律，擅长吹笙奏笛，兼工围棋。她的诗词清丽可诵，20岁时她作五律一章，其中有一联曰：“云蒸江树白，霞涌海波红。”人皆激赏之，谓其神似工部。清末小说家常州张春帆与吴曼华亦有戚谊。吴曼华不仅深有古文基础，更擅长一手工笔画，陆小曼天资聪颖，自然深受熏陶。

陆小曼十六七岁的时候，最为擅长的是西洋画，主攻静物写生和风景临摹。有一次，一位外国人到她就读的圣心女子学堂参观，看到她画的油画，觉得精致又有韵味，竟然当场支付200法郎作为学堂的办学经费，把这幅画买了回去，引起学校乃至社会的瞩目。

陆小曼的才气自然是多方面的。她不仅会作诗，也爱研究文学和戏剧，曾译有《海市蜃楼》。在译著余暇，还兼善京剧、昆曲，学青衣，宗程砚秋，常常清歌一曲，令人神往。她还参加穆藕初创立的粟社，经常随名媛唐瑛、陈文娣、副社长谢绳祖的两个妹妹一起参加活动，饰演旦角。1927年，陆小曼在中央大戏院演出昆曲《思凡》，她穿的服装是美术家江小鹣设计的，淡雅朴素，而她的身段优美，声音动听，更显大珠小珠落玉盘之妙。她与唐瑛合演昆曲《牡丹亭》里的《拾画叫画》，一个扮演柳梦梅，一个扮演杜丽娘，一个轻摇折扇，一个轻挪台步，惊艳四座，留下民国年间“南唐北陆”的动人一景。她扮演《玉堂春》里的苏三，娇小玲珑，婉转多情，嗓音轻柔又清脆；《四郎探母》中的铁镜公主，穿一身旗蟒，贤淑典雅，让人难忘，于上海滩名噪一时。

一代才女，于绘画甚是情有独钟。陆小曼曾经向艺术大师刘海粟学过绘画，她为人聪颖，又集秀美与才识于一身，是给她一点旧纸、好墨、旧颜色，就可画出一幅好画的。与徐志摩成婚后，陆小曼沉浸在爱河里，偶尔也会展露她的绘画才情。一次，徐志摩

陆小曼与徐志摩在杭州

《黄山小景》　陆小曼绘

参加艺苑绘画研究所的聚会，曾代陆小曼捐助过两幅绘画作品。1927年2月的一天，陆小曼与徐志摩到诗人邵洵美家祝贺邵洵美与盛佩玉的新婚满月，她与在座的画家刘海粟等人，合画了一幅扇面向新婚夫妇贺喜。

从绘画爱好者到专职画师

自古风流惹情伤。陆小曼生命中有三个男人：王赓、徐志摩、翁瑞午。这三段感情，与前夫王赓是有缘相识，无缘执手相偕；与知己翁瑞午虽无爱情，却相伴至老；以与诗人徐志摩的一段爱情最为凄怆。以画来比拟，王赓是油画小品，翁瑞午是厅堂挂轴，徐志摩才是她生命里的山水手卷，绵绵不绝，情韵流长。

陆小曼执意与丈夫王赓离婚，与诗人徐志摩结婚，在当时成为轰动北京城乃至全国的一个大事件。世人只知其爱情，不知其才情。陆小曼的绘画才华被彻底激发，也许正是源于生命中的徐志摩。

1931年，徐志摩飞机失事后，陆小曼痛定思痛，彻底洗尽铅华，拜贺天健为师学习山水，拜陈半丁为师学习花鸟，一改过去慵懒的习惯。拜师时，贺天健为了防止陆小曼偷懒，与其约法三章：一、老师上门，杂事丢开；二、专心学画，学要有所成；三、每月50大洋，中途不得辍学。陆小曼就此不问世事，潜心绘画，一来是遣寂寞，排苦闷；二来也是素服向志摩表达她的思念与爱意。

为排遣寂寞，陆小曼不仅画画，还积极参加社会活动。1934年，中国女子书画会在克能海路（今海宁路）890号举行第一次同人大会，有杨雪玖、李秋君、唐冠玉、虞澹涵、杨雪瑶、吴青霞等30多位女画家参加。与会的书画好手与名家，有的负责文书，有的负责会议。大家推举冯文凤为主席。陆小曼因为待人热情大方、彬彬有礼，加上明艳动人的笑容、轻和柔美的声音，赢得了海上女画家们的纷纷赞誉，于是大家推举她与丁筠碧负责书画会的宣传工作。书画展览会上，她还奉上所画的秀润山水参展。才女的日子有了烟霞胜景供养，失去爱人徐志摩的悲痛可以减轻一些。

1931年，徐志摩“飞天”之前，她画的青绿山水长卷，水分清润充足。后来她山水画中的生机渐趋暗淡，时有“泉声咽危石，日色冷青松”之色。她的画作，多摹写古代画家渐江、倪云林之作，意境也在倪云林、黄公望之间。有一幅册页，她在上面题跋道：“山静似太古，日长如小年。”可以说既是写画，也是写心境。失去了爱人徐志摩，她的心境是冷寂的、枯寒的。又比如，她于1946年春画的一幅《江岸双鸡》，虽然秀慧的笔势孕育着温存的学养，但整幅画的颜色是灰蒙蒙的，像抹不开的愁绪。那湖岸之色，的确是显出寂寥之情状的。

她曾写有一首很有名的诗《癸酉清明回硖扫墓有感》：

肠断人琴感未消，此心久已寄云峤。
年来更识荒寒味，写到湖山总寂寥。

每每读来，再看她的画，那湖山的寂寥气息确实浓重了许多。

翁瑞午是徐志摩的朋友，也是中国“一指禅”推拿的传人。他幼承庭训，通晓国画。徐志摩在世时，曾请他来给妻子看病。他不仅给陆小曼看病，还带给她许多生活的乐趣，如唱昆曲、习字画等。徐志摩去世后，在翁瑞午的相伴下，陆小曼专心画画，1941年，两人在上海大新公司（今上海第一百货商店）举办了画展。陆小曼的画，有山水，有花鸟，清丽雅致，格调脱俗，受到相当好评。晚年的陆小曼沉浸在绘画创作中，时而清丽山水，时而写意花鸟，意境清幽，频频在美术展览会上亮相。1958年，陆小曼加入上海美术家协会，后正式成为上海中国画院的专业画师。

闺秀才女，真是一个永远说不尽的话题。陆小曼曾自述：“我爱大自然，但我无法旅游（因病），因此我愿陶醉在丹青的河山风景中。”绝版的陆小曼，惊才绝艳，百年寂寥。她用绘画赢得人格独立与灵魂自由，用丹青度化人生，终成为人世间一道亮丽的风景。

万里快鹏飞，独憾翳云遂失路；

一朝惊鹤化，我怜弱息去招魂。

——张幼仪为徐志摩所写挽联

张幼仪　云裳岁月里的风华

一袭旧旗袍，一段如烟往事

“在哪里呢？”一天午后，美籍华裔女作家张邦梅在家里翻箱倒柜，埋头寻找东西。

“你找什么呀？”姑婆张幼仪看她着急的样子，很想帮她一把。

“一件旗袍，就是您当年开云裳服装公司曾经卖过的那种款式。”张邦梅一边说，一边在箱子里翻翻拣拣。她心里嘀咕着：小时候玩过家家，经常翻爷爷奶奶从上海带来的家当，那件黑旗袍总是会冒出来。怎么现在想找就找不到了呢？“就是它！”突然，一件黑色旗袍从那堆衣服里冒了出来。张邦梅大为惊喜：“找到了，找到了！”虽然旗袍上面没贴任何标签，但张邦梅还是一眼就认出了它。一旁的张幼仪看见侄孙女手中的旗袍，也颇为喜欢地说：“这是我店里来的。”她那高兴的口气，仿佛遇见了老友。

从那一天起，张邦梅就将这件黑旗袍视若至宝。在她心里，这件漂洋过海，从上海来到美国的旗袍，宛若当年年轻的张幼仪贴肤穿过的一样。张邦梅经常有这种感觉：晚年的张幼仪，是她的明镜与良师，经常会给自己一些馈赠——她的自力更生，她为寻求自

张幼仪与徐志摩

我所做的奋斗。张幼仪送给了她一份厚礼。

从此，这件黑旗袍牢牢地将她与姑婆张幼仪系在一起，载着她们跨越了岁岁年年。对张幼仪的云裳岁月，张邦梅女士——张幼仪八弟张禹九的这位孙女也许了解得要深入一些。

当年，才华洋溢的现代诗人徐志摩与林徽因、陆小曼的恋情成为社会话题，多年后来看，仍然有其时代意义。相形之下，遭受与徐志摩离婚家变的原配张幼仪，人们却始终听不到其声音。在她去世后，她的侄孙女张邦梅为她撰写了英文版传记，由谭家瑜翻译，出版了几种版本，其中一种为《小脚与西服：张幼仪与徐志摩》，这本书揭开了历史尘封的一角，也让人看清了张幼仪的一段风华岁月。

张幼仪，上海宝山人。她的家族，是江苏有名的书香世家。她的祖父做过清朝知县，家境殷实。二哥张君劢当过段祺瑞的内阁秘书长；四哥张公权，做过浙江都督府秘书，后来任中央银行副总裁、中央信托局理事长等职。

而她本人，除著名作家、诗人徐志摩的原配夫人这一身份外，还是时尚总裁、大学老师、银行家、传奇新女性，曾在德国受过高等教育，会德、英、日三门外语。这位在中国受了传统教育，又在离婚期间远赴德国留学的女人，既具备中国传统的贤良品德，又接受了欧洲新思想的洗礼，她的命运跌宕起伏，堪如史诗。

15岁那年，她遵父母之命，嫁给了徐志摩，却被徐志摩嫌弃为“乡下土包子”。与徐志摩的这场包办婚姻，是她生命中不幸的开始，却也因此激发出她人生的全部光彩。她不仅成为中国第一位女银行家，其人格魅力也让后人为之感叹。

一段云裳岁月

1927年的上海街头，出现了一家服装公司，专门经营女士服装，名字起得雅致，叫云裳公司，让人很自然地想起唐朝诗人李白《清平调》里的那句诗："云想衣裳花想容。"

云裳公司初一开张，店里就人来人往，好不热闹。很快，上海女人皆以穿上"云裳"的衣服为骄傲。好事者纷纷打听公司老板是谁，后来才知道是张幼仪经营的。原来，张幼仪从国外回来时，想做些别致的新衣服，换一换心情，却找不到可心的人来做。张幼仪在国外见多识广，她想：何不开一家服装公司，经营得有特色，有风格，不愁吸引不到爱漂亮的女性。上海那么多爱美女性，一人一件，前景可观。她将自己的想法向大家透露，八弟张禹九首先赞成，还为她想了"云裳"这个名字。美术家江小鹣曾在法国见到过模特的表演，就说："何不用模特来展示设计的服装呢？"陆小曼和唐瑛听了，也纷纷说要来当模特捧场，一时间，云裳时装公司成了上海女性的时尚名词。

当年，徐志摩嫌弃张幼仪是个典型的旧妻，在第一个孩子出生之后，他便远赴重洋，负笈游学。张幼仪穿着旗袍追随出国，却找不回沉醉在康桥柔波里的那个人。对于她的到来，徐志摩没有半点惊喜，反而以"小脚与西服，怎么相配"为由，提出离婚。对于

左　云裳公司
右　云裳公司的广告

她已有身孕的现实，徐志摩却只有一句："把孩子打掉。"最后，他更是无情地把身怀六甲的张幼仪丢弃在语言不通的异国他乡，独自远离。异国的这番遭遇没有击倒张幼仪，反而让她变得更加坚强，更加精干。

在柏林产下第二个孩子后，张幼仪很快从悲痛中振作起来，入裴斯塔洛齐学院，专攻幼儿教育。1926年春，在德国求学的张幼仪回到国内，一心想开办一家幼儿园，幼儿园没有开成，却成功运作了云裳服装店——一家全上海赫赫有名的服装店。这家成衣公司由她八弟张禹九和徐志摩等人投资。开一家新式服装店曾是女作家张爱玲的心愿，但是这样的服装店，却最终被张幼仪风生水起地运作了起来。

云裳服装店面世后，一时风头无两。分析起来，有好几点原因：一是当时正值新旗袍兴起之际；二是有社会名流江小鹣、张禹九、陆小曼、唐瑛等人的参与；三是云裳服装店填补了专为中高层女性量身定制服装的空白。它还首开模特展示衣物的风气，将世界最流行的服装款式拷贝到中国。据说，在巴黎流行的某一款时装，若干天后就会出现在上海街头。1927年冬天，一旦云裳服装店推出新款大衣，立刻受到上海以及附近的南京、苏州、无锡等城市时髦女子的追捧。

佳人爱财，取之有道。张幼仪很有经商理财的头脑，她在大风大浪的股市里赚了不少钱，在家附近建新房，给徐志摩的父母住。她还炒作过风险更高的棉花和黄金，同样能够获利了结。由于张幼仪为人极守信用，战时，女子储蓄银行竟然撑过了一道又一道难关。

从小脚到西服

张幼仪自1954年移民纽约后，在服装设计领域奋斗，终于出人头地，成为一名成功的服装设计师。在张邦梅的眼里，张幼仪特别有气质。她穿着剪裁考究的旗袍，头发用假髻挽得高高的，脸上抹得白白的，还搽了鲜红的唇膏。

张幼仪勤奋、务实、理性，而陆小曼天真、任性、多情。与陆小曼的绝代风华、柔情万种相比，张幼仪的生命显得质朴得多。这场遗弃使人成长，她终于从小脚的阴影里走出来，成为一个“穿西服”的、令人瞩目的新女性。可予我印象深刻的，还是她身上的款款旗袍，彰显着她独立女性的身份。她不是一般意义上传统的美女才女，但她是那个时代女性的典范，是那个时代真实精神的反映。张邦梅回忆：

> 更为难能可贵的是，徐志摩罹难后，张幼仪不计前嫌，把他未尽的职责全部承担起来。不仅服侍徐志摩的双亲，抚养年幼的孩子，管理徐家的产业，甚至，每个月还寄钱给陆小曼。1969年，她亲赴台湾，找到徐志摩的好友梁实秋，徐志摩的表弟蒋复璁，对他们说：“希望你们两个出面，给徐志摩编一套全集，资金由我来出……”在她的出资策划下，台湾版的《徐志摩全集》得以顺利出版，她为的是让后人知道徐志摩的著作。

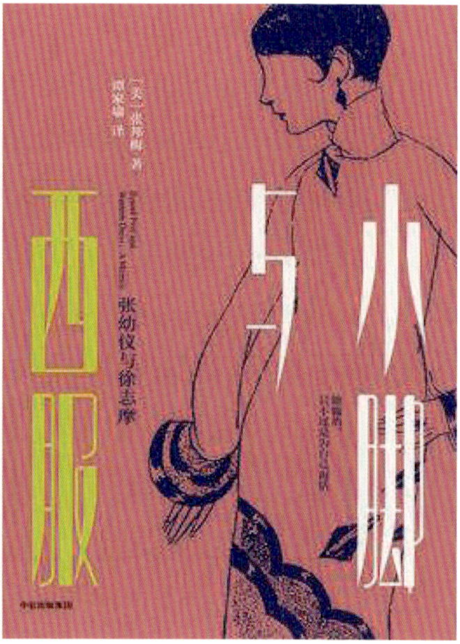

左　张幼仪
右　《小脚与西服：张幼仪与徐志摩》书影　张邦梅著

她之所以会这样做，是因为在她心中，始终有一份责任在，她是伴着传统价值观长大的，不管她变得多么西化，都没有办法丢弃这份责任。在《小脚与西服：张幼仪与徐志摩》书中，这个从婚姻中突围并升华的女子坦陈："我要为离婚感谢徐志摩，若不是离婚，我可能永远都没有办法找到我自己，也没有办法成长。他使我得到解脱，变成另外一个人。"

值得庆幸的是，晚年的张幼仪找到了自己的幸福，其时，距她与徐志摩离婚已整整32年。张幼仪晚年住在美国纽约，虽然她接受了西方的价值观，但是仍旧生活在中国传统儒学的原则中。

她长眠在纽约绿草如茵的"芳诺依福"（FERNOEIFF）墓园，墓碑上刻着她最终的名字：苏张幼仪。

行于时代先锋的女性，如今或已成为传奇，而旗袍则是她传奇人生里最富神韵的一笔，含蓄而典雅，承载着她独有的美丽意蕴。

岁月沉香

张元和　春来犹发旧时花

张允和　多情到老情更好

张兆和　世事沧桑心事定

张充和　蔼蔼岁月有沉香

九如巷张家的四个才女，谁娶了她们都会幸福一辈子。

——叶圣陶

张元和　春来犹发旧时花

《喜福会》里客串女演员

20世纪90年代有一部影片《喜福会》，里面有一众女明星，俞飞鸿、邬君梅、卢燕、奚美娟……一出中国女性的故事被娓娓道来，如串成的珍珠项链。难得的是，时已80多岁高龄的张元和，还在影片里客串了一角色，是一媒婆的朋友。演电影时，她还特意准备了两朵红双喜花，插在发髻上，给好莱坞华裔导演王颖的这部电影，添了一抹亮色，也让喜爱张氏姐妹的观众，追寻那欲说不尽的闺秀点滴。

她从苏州九如巷走出，晚年身在旧金山，却仍忘不了祖国，依然情系中华，心境圆融，静穆得让人喜欢。

为了这惊鸿一瞥，我也努力去找过据谭恩美小说改编的这部影片。老片难寻，白头闺秀饰演的角色没有看到，但异质文化交汇的画面却让我对张元和当时生存的文化环境有了遐想。

《浪花集》已买多时，毛边版，曼雅朴拙，书香味浓，一直没舍得裁开来读。终于有一天动起裁阅的心思，用纸刀一页一页慢慢裁读。慢读的过程雅怡清新，我看到张元和介绍自己拍《喜福会》电

张元和与顾传玠结婚照　1939 年

影的一篇长文，分上下收录在书中。其中一篇写道：

> 先在车厢休息室中换穿黑色绸衣裤等，然后到化妆车厢，一位男士为我染发、梳头，另由一位女士为我敷粉、抹脂、点唇。还参考中国旧时妇女照片哩！
>
> 梳头男士，为我戴上自己的发髻，为徐樱戴他梳的发髻。我把上次选的红绒双喜花、红绢花，各二朵，取出，请化妆师替我们插于发髻两旁，显得喜气洋溢。
>
> …………
>
> 我的职务，先是捧着一个长方盘，盘中放着大红彩球带，是给新人各牵一头入洞房用的。盘子是旧式紫檀嵌螺钿饰的，非常重，拍多次，我手捧得很酸。有位男士，要在拍摄的间隔时间中为我代捧，让我手休息一会，但我的负责的性儿，谢了他，没有交他代捧，硬撑着拍完这一组镜头。

闺秀就是闺秀，耄耋之年还是认真得一丝不苟。这戏前后拍了两天，她也认认真真地做完。我看完文章，圆了未能看《喜福会》片中老闺秀亮相的那一幕的遗憾。

绝世才情，绝代芳华。才女闺秀演电影是客串，昆曲却是她一生的爱好。张元和自幼精于昆曲，直到晚年，虽身在异国他乡，却还创办曲社，致力于弘扬昆曲。昆曲之于张元和，是她生命中的必然。

在张家四姐妹中，张元和生得端庄秀美，是典型的大家闺秀。母亲陆英出身于扬州一个大户人家。1906年，陆英嫁给张冀牖时，嫁妆里的一个小木桶都是陆家花十年时间精挑细选、慢慢准备的。那是一场真正的世纪婚礼，光是抬嫁妆的队伍便从合肥的四牌楼一直延伸到龙门巷，足足排了十条街。父亲张冀牖是一位传奇人物，生于1889年，1913年举家迁往上海，1917年搬到苏州，并于1921年变卖部分家产，创办了著名的“乐益女子中学”。他还为女儿们请来第一个昆曲教师——苏州昆班全福班的老演员尤彩云。张元和很投入，立刻爱上这门古老的艺术。从此，从九如巷里就飘出了咿咿呀呀昆曲的清音。春风清曲的九如巷，也成为文人雅士心中的坐标。

“大夏皇后”嫁昆曲小生

上海是张元和施展才艺的地方。她在上海大夏大学读书时，品貌出众，多才多艺，连穿衣的颜色、式样都很雅致得体；她最喜欢的颜色是咖啡色，有“大夏皇后”之称。这所大学，创办于1924年，是由因学潮从厦门大学脱离出来的部分师生在上海发起建立的，被誉为“东方的哥伦比亚大学”，由马君武为校长，原国民政府交通部长王伯群任董事长。

在学生时代，张元和与同学一起去看戏，她喜欢当红昆曲小生顾传玠的戏。这位早期传字辈的苏州小生，18岁时，便有戏曲评论家做如斯之评：“一回视听，令人作十日思。”他算得上是全才，

左　张元和与张充和演出《惊梦》
右　张允和赴美，与张元和同演《惊梦》

巾生、大小冠生、穷生甚至雉尾生，都堪称翘楚。张元和写信给他，请他演《牡丹亭》里难度很大的一出《拾画叫画》，原本以为只是一厢情愿，谁知顾传玠竟一口答应，让张元和喜出望外，也从此对这位昆曲小生生出爱慕之心。

1939年4月21日，张元和嫁给顾传玠，与之永结同心。昆曲同好，志趣相投，感情十分融洽。愚园路是一条充满传奇的路，是上海永不拓宽的六十四条马路之一。这里，宛若文史散叶的集纳地，许多名人先后在此住过。张元和与顾传玠婚后，就租屋于愚园路的愚园坊。朝晖夕阴，两人常相倚在阳台上唱曲。

婚后不久，有一次在朋友家，张元和刚学会《琵琶记》中《盘夫》一折，她就和顾传玠合唱这出戏。她规规矩矩，一丝不苟地唱完，谁知有位旁听的曲友哈哈大笑："张元和才结婚不久，就'盘起夫来了'！"弄得她很不好意思。

还有一次，顾传玠在家中客厅，叫人搭了临时简便的戏台，欢迎费正清。两人同台"彩串"《长生殿·惊变》，顾传玠饰唐明皇，张元和饰杨玉环。张元和不仅唱曲熟练，而且还把"花繁浓艳"这一段重编了身段，将本来坐着唱，改为站起来唱。因为她觉得贵妃在明皇面前，不必那么拘束，连唱带做，活泼多了。后来，别人也改为站起来演了。

有时，元和前往虹社昆曲社参加曲叙活动，传玠亦常随行，一展歌喉，还亲自为生、旦、净、末、丑各行曲友们吹笛，笛艺超然有味。

据张元和的回忆，当时，苏州有三个曲社——“道和”“契集”与“幔亭”，只有“幔亭”是女子曲社，由吴梅先生发起，有陈企文、樊颖初、樊诵芬、王佩珍等人。“幔亭”每月曲叙一次，从中午清唱到晚上，全是整出，预先安排好戏码和曲者。晚上聚餐时，可以唱散曲。“我们是不到他们那儿的，不过呢，别的曲社的男曲友是常来‘幔亭’的。”张元和曾经慢悠悠地说，全是当时的风韵。

斯文往事，逝水流年

一代曲家的来龙去脉总是引人向往。在桑毓喜写的《幽兰雅韵赖传承：昆剧传字辈评传》一书中，收有顾传玠的戏照，《狮吼记·跪池》中的陈季常，《贩马记·团圆》中的赵宠，《割发代首》中的张绣，可谓扮相俊美，表演精彩。据说，俞振飞主演《贩马记·写状》时，戏中赵宠最后进场时的身段设计，即是向顾传玠学来的。

张元和的父亲也很热爱昆曲，他喜欢《荆钗记·见娘》这折戏，就鼓励元和学王十朋。张元和却自认嗓音不够冠生宽，未遵照父亲的指示学。有次昆山救火会义务戏，大家都到昆山看仙霓社演戏，也参加客串。当时顾传玠早已离班，在金陵大学读农科，毕业后在镇江做事，此次恰来昆山度假，仙霓社师兄弟便烦他客串，他答应唱荆钗记《见娘》一折及长生殿《惊变》《埋玉》二折。值得一提的是，顾传玠在《见娘》中扮演王十朋，堪称一绝。他演剧中人闷跪在台前苏醒时唱：“一纸书亲附，啊呀我那妻吓……”整

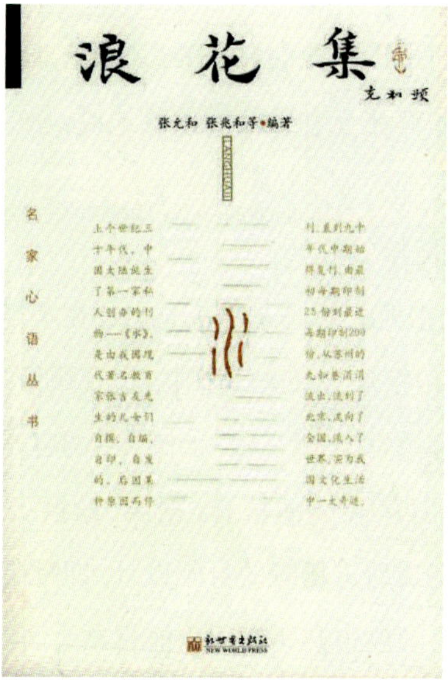

《浪花集》书影　张允和、张兆和等编著

个人悲哀万状，本欲一头撞死，但眼神向左一瞟，有老母在堂，于是将满腔悲痛咽进肚中，不敢放声痛哭。他演得着实惟妙惟肖，感人肺腑。张元和是深知这一点的，她听到顾传玠将演父亲最爱看的这折《见娘》，马上打长途电话到苏州。父亲就雇了汽车，带宗和、寅和、寰和、宁和及宁和的家庭老师等人，浩浩荡荡地到昆山来欣赏昆剧。

只是，让张元和想不到的是，她和顾传玠是因曲生情，事隔多年，她却在台湾黯然神伤演了一出《埋玉》。只是埋的不是扮杨玉环的张元和，而是扮唐明皇的顾传玠这块玉。

回首往事，如一首首音律柔婉的昆曲，似《如梦令》，更是《九回肠》。历史的苍茫和沉重并没有在她的传奇人生中留下过多的印记，那份历经世事之后的豁达和淡然却历久弥新。

翻看《浪花集》书中收录的相片，在太湖山石侧，在垂杨细柳旁，全是如水逝去的韶华流年。那个时代的风情，雨香云片，全在梦儿边。在她去后，身后留下如许的斯文往事。

她就是最后的，最后的闺秀，最后的诗意人生，最后的张家。

——叶稚珊评张允和

张允和　多情到老情更好

与语言学家周有光的爱情

1928年秋天的一个黄昏，有两个人，从吴淞中国公学大铁门走出来。一个男的，不算高大；一个女的，较为纤小。两人没有手挽手，而是距离约有一尺，并排走在江边海口。他们互相矜持地微笑着，彼此没有说话，走过小路，穿过小红桥，经过农舍前的草堆。脚步声有节奏地弹奏着和谐的乐曲。

海浪不时轻柔地拍击着防浪石堤。在一块比较平坦而稍稍倾斜的石头处，他放下一块洁白的大手帕，风吹得手帕飘舞起来，两个人坐了下来。他从口袋里取出一本英文小书《罗密欧和朱丽叶》，在书页中夹着一枚小书签，写两个恋人相见的一刹那："我愿在这一吻中洗尽了罪恶！"过了一会儿，他不好意思地把小书放进了口袋，轻轻用右手抓着她的左手。

在《温柔的防浪石堤》一文中，张允和如此回忆当年她与周有光在吴淞江边定情，真是温柔极了。张允和，是张冀牖的第二个女公子，也是"张家四兰"中的一朵兰花。她自幼学习古文，娴熟旧诗，严于格律，音调铿锵，十几岁即入南国社，著有《离乱曲》。

张允和与周有光结婚照　1933 年

张允和曾经是胡适做校长的中国公学的学生会主席，家里十个兄弟姐妹中，她虽然身材最为瘦小，却风趣好动。张允和16岁时，暑假里到周有光家玩，就此两人相识。周有光出身常州望族，可到了民国，已经家道中落。周有光的母亲自小读私塾，性格刚烈，眼见家里落魄，丈夫还出手阔绰，穷奢极欲，于是带着儿子与四个女儿迁居苏州。也是缘分使然，周有光的妹妹周俊人进了乐益女中读书，与张允和成为同学，经常邀她去家里玩。张允和这才认识了周有光。之后，周有光就总去找她，希望能够赢得她的芳心。张允和却总是躲着他，周有光只能失望而归。张允和也因此得了一个“温柔的防浪石堤”的绰号。

经过一段爱情长征，张允和最终嫁给了语言学家周有光，“从此以后，将是欢欢乐乐在一起，风风雨雨更要在一起。不管人生道路是崎岖的还是平坦的，他和她总是在一起，就是人不在一起，心也是在一起。她的一生的命运，紧紧地握在他的手里”。张允和晚年写下的这段话，是历经人生风雨之后的箴言。

曲终人不散，白首不相离。张允和是“民国最后一代大家闺秀”，周有光则是“汉语拼音之父”，夫妻两人，一率性活泼，一沉稳持重，但却伉俪情深，琴瑟和鸣。晚年的张允和，穿着旧式衣衫，白发在头上盘起，眉目之间，气度雍容，那是“最后的闺秀”。

白发才女编刊物《水》

有一本刊物叫《水》，小小的，是本家庭刊物。少年时代，张家四姐妹读初中的时候，利用课余时间办了这本刊物，题名为“水”，用于家人的自娱与联系。后来，张家姊妹兄弟和至亲好友，异地异邦，四散飘零。《水》也就停刊了。多少年后，作为二姐的张允和已经86岁了。她深切怀念当初的这份亲情小刊，以如火的热情，倡议复刊《水》，并任主编，重新编印久已停刊的《水》，以期维系家族的感情。起初，《水》的作者、编辑、排印、邮寄，全由张允和一人完成，且每期只有25份。后来，不断有亲友加入进来，印量达到一百多份。

这本自家人写，自家人印，自家人看，纯属有钱人家的雅玩，现在看来倒像是个家庭博客。它“发行量”最小，办刊人年龄最高，装帧最为简素，虽属曲高却有和者。这本刊物曾赢得名记者、作家叶稚珊女士，资深的大出版家范用先生的赞誉。

幸好有《水》这本刊物，我们可以看到一代聪慧敏思的白发才女，如何为家族之事忧心竭力。张允和在耄耋、病重之年，爱护《水》，关心《水》，为《水》工作，不辞辛劳。读她的《水》复刊词，也读出一代才女的热情：

> 六十六年前，我们张家姐妹兄弟，组织了家族小小的刊物叫《水》。那时我们年少，喜欢水的德性。正如沈二哥（从文）说过：
>
> 水的德性为兼容并包，从不排斥拒绝不同方式，侵入生命的任何离奇不经事物，却也从不受它的影响。水的性格似乎特别脆弱，极容易就范。其实，则柔弱中有强韧，如集中一点，即涓涓细流，却滴水穿石，无坚不摧。

如今，我们的“如花岁月”都过去了。但是，“人得多情人不老，多情到老情更好”，我们有下一代、下下一代。我们像细水长流的水一样，由点点滴滴的细水，流到小溪，流到小河，流到大江，汇入汪洋的大海！

由此她建议：

首先，大家都来写爸爸的回忆录，抄录有关爸爸的日记、信件、文件等资料；其次，写自己，写配偶，写子女，甚至于孙子、重孙子都可以；最后，可以写在家门里的外人，如教书先生、保姆、门房、厨子……我自幼在家塾念古书，最佩服的古人是司马迁。我想用司马迁的体裁写，写一篇叫《保姆列传》。各人写各人熟悉的人和事。

《水》看似是一本小刊物，内涵却极为丰富。文化情怀与亲友情感，互相呼应，互相交融，呈现出无比灿烂的生命气象。因为，这个家族的故事，原本就是一本不可多得的厚重之书。

《昆曲日记》里的丑角

多情人不老，张允和秉承“最后的闺秀”之雅训，撰写有《张家旧事》，让读者熟知了张家的那些人、那些事。她撰写的《昆曲日记》也别具情致，一时惊艳了世人。

1956年，土木工程师许士箴先生，因为酷爱昆曲，与著名文学

《昆曲日记》书影　张允和著

家俞平伯、袁敏宣、周铨庵等人创办了北京昆曲研习社。当时，许先生的小孙女许宜春也在曲社里，年仅10岁。这年，恰逢周有光从上海调到北京工作，张允和成了曲社的新曲友，她与许宜春结成好友，还认她做干女儿。许宜春学的第一出戏是《牡丹亭·游园》，演小春香。张允和待她特别亲切，每次上台前都要帮她换戏装、梳头发。唱角的都要梳大头、吊眉头，她十分心疼小宜春，上装前总要嘱咐梳头师傅不要把她的头勒得太紧，还用织毛衣的棒针通小宜春的假发，尽量让她感到松快。

张允和自小就学昆曲，受曲学熏陶，沉浸于昆曲的人文胜景之中。昆曲是诗词语言，张允和会唱，也会演。可她在登台唱戏时，总是演配角。1961年，许宜春的妹妹在《白兔记·出猎》中扮演咬脐郎，她为之配王旺；许妹妹演《西厢记·寄柬》里的张生，她为之配琴童。琴童要说苏白，无人会说，是她自告奋勇扮起这个角色，尽管她说起苏白来带点安徽腔，但她演得很认真，毫不在乎对方只是一个十几岁的小姑娘。张允和自己也常对人说，她这一辈子是个丫鬟命，在生活中她是个家庭妇女，在戏台上她常演配角。细说起来，她演过丫鬟、姑妈、道姑、丑丫头、琴童、书童、卖花女、虬髯客夫人、店小二、红娘、女工等角色，可不都是配角嘛。但是，当剧终幕落时，人们却记住了她挺拔优美的身姿。中年以后，她竟不顾及形象，有时还演丑角，譬如为演《风筝误·惊丑》，她在化妆时，将左右脸颊加一抹黑色，又特地把右上唇画得高大些，使自己更符合丑丫头的形象。后来，我看《惊丑》拍的戏照，竟觉绝妙。还有《西厢记》中的琴童、《金不换》中的书童、《白兔记》中的王旺，都是她成功扮演过的丑角。她后来回忆起自己饰演的这些丑角，竟非常得意："戏里总要有一个小丑，戏才更有情趣……昆曲中小丑最美。"

张允和为传承昆曲更是不遗余力。在北京昆曲研习社里，俞平伯先生是正社长，张允和是联络组组长。她对外有很强的社交能力，对内又有很强的凝聚力，能够团结人。后来大家又推张允和做社长，她总是积极参加研究、演出、编辑等工作，任劳任怨。

张允和作为曲社一员，实在是"家事曲事事事关心"，以曲社为家，她在这个人生的小舞台上，实现着她的人生理想。

听张允和的风雅往事，也感受那沉淀着一个世纪的温情，寻找我们曾经失落的优雅。我们眼前打开了一扇得以清楚地看历史、看人生、看世界的窗，整个人生也变得通透豁达起来。

我行过许多地方的桥，看过许多次数的云，喝过许多种类的酒，却只爱过一个正当最好年龄的人。

——沈从文《湘行散记》

张兆和　世事沧桑心事定

烽火中的家书

1938年，日寇侵华，正是战乱中。深宵静寒，北平城的沈宅，一灯如豆，年轻的张兆和给当时在昆明的沈从文写信：

> 我又欣喜你有爱写信的习惯，在这种家书抵万金的时代，我应是全北京城最富有的人了。

虽然正处于兵荒马乱的时局之中，一切都是那么不平定，可是张兆和却知足，惜福，写信的口气中流露出十足的骄傲，让人难以相信她当时正处于困窘之中。沈从文远赴大西南，张兆和一人带着龙朱、虎雏两个孩子留守北平城，还照顾着沈从文的妹妹。沈从文离开他们的时候，大儿子龙朱才4岁多，小儿子虎雏更尚在襁褓中，牙牙学语……张兆和作为一个主妇，要操持家务，给远在昆明的沈从文寄衣物，寄他需要的讲义与小说等，还要替他们的朋友收存稿费，可她顾全大局，不怕苦，不怕累，也不怕洗衣服弄糙了手。在1937年10月，沈从文离开北平两个多月时，他们的朋友开

张兆和、沈从文合影

始劝张兆和南下，可张兆和却保持乐观，好像算定这场战事不久就会了结，她希望等春暖花开再从从容容上路，或者欢迎朋友们北上。晚上，奶完孩子，她坐在灯下深情款款地给丈夫写信：

我有许多话要说，那说不出的，我用眼睛轻轻地全写在这纸上了，你看得出的，我要你保重自己，爱我们，爱一切的人！

张兆和似乎对鸿雁传书这件事情有独钟。她为沈从文有爱写信的习惯感到欣喜。战火连天之际，原本正该是夫妻俩相濡以沫的时候，但在那家书抵万金的时代，她觉得有了信，就有了情感的交流，她就是“全北京城最富有的人”。

张兆和相貌清秀，肤色微黑，在张家姊妹中排行第三。由于母亲去世较早，张兆和是保姆带大的，一份旧的家庭教育反由家里的保姆实行，却也逐渐培养起张兆和一份大家闺秀的气质，雅静、平和、沉稳。

她原是沈从文的学生，18岁的少女，公认的中国公学校花。4年的时光如水，经过沈从文坚持不懈的追求，张兆和终于被打动了，让这个“怯弱的乡下人”喝了一杯最甜美的酒。

大家闺秀的养成非一朝一夕之功。读过《从文家书》，里面收录的张兆和的一些信件，虽只有片言只语，读来却是字字真切，篇篇感人：

从文二哥：只在于一句话的差别，情形就全不同了。三四个月来，我从不这个时候起来，从不梳头，不洗脸，就拿起笔来写信的。只是一个人躺到床上，想到那为火车载着愈走愈远的一个，在暗淡的灯光下，红色毛毯中露出一个白白的脸，为了那张仿佛很近实在又极远的白脸，一时无法把捉得到，心里空虚得很！

从她的家书中，我们会被她的善良、平和，充满感性的人性魅力所吸引，也感受到她人生的无奈与苦痛。她的温婉、坚定映照着沈从文的炽热天真，琴瑟齐鸣，让人感受到一份会心的幸福。

民国绝版小说

二小有事时做事，无事时，拿了小小的竹管子，屋前屋后地吹着，家中人也不说她笑她。一家人口那么亲爱和气，一切生活那么自然，只要人不懒，天肯照应，年成不捣乱，衙门里不派捐款，不加租税，这家人一年四季过的全是快乐温暖的日子。

张兆和的小说《费家的二小》，一下笔，文字就那么清新淡雅、诗意盎然，加上泥土的芬芳，让人感到亲切而熟悉。有人将二小拿来与《边城》里的翠翠对比，以为一个美得懵懂软弱，一个却聪明能干，有主见。这实是相得益彰，各自芬芳。

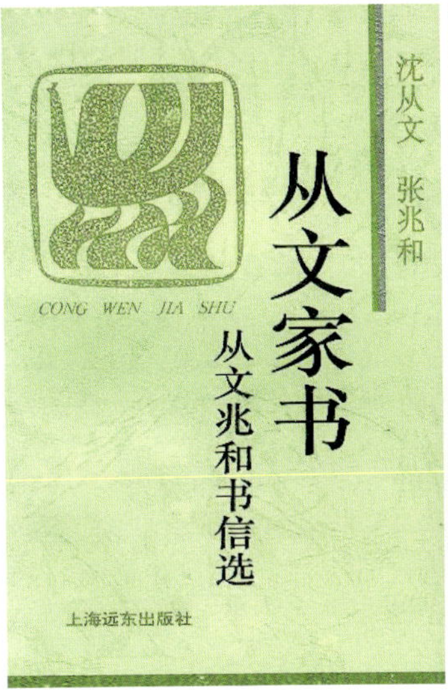

左　《从文家书：从文兆和书信选》书影　沈从文、张兆和著
右　《湖畔》书影　张兆和著

张兆和的小说不多，在现代文学史上也未引起应有的关注，但如果细读，从容分析，还是可以看见作者写小说的那份圆熟心绪的。

五四时期的儿童文学，由于鲁迅、周作人等人的积极引领，冰心、叶圣陶等人的辛苦创作，一时间形成一种前所未有的热潮。张兆和也积极响应，一连写有五部短篇小说：《费家的二小》《小还的悲哀》《湖畔》《招弟和她的马》《玲玲》。

读者多关注她与沈从文的感情经历，但对她的创作却不甚熟悉。其实，她的每一篇作品都很有个性，每一篇作品都写出了每个孩子的内心世界。这五个孩子年龄大小不同，出身家庭不同，生活经历不同，性格爱好不同，个个充满童真，人人蕴含寂寞。作品对孩子的心理进行了深入刻画，表现了孩子纯真美好、细腻敏感而又孤独寂寞的内心世界。温婉寂静的文字，凄美悠远的情怀，尽显张兆和旖旎温婉的文笔与意蕴。

《湖畔》被列入柯灵主编的“虹影丛书”，用芸黄色调来做封面，上面是一孤独寂寞女孩的背影。作者的文字虽淡雅素净，却写尽人物的愁情、内心的孤独，及对自由的向往。

张兆和因为后来改行做编辑工作，创作未能持续下去，但就这不多的作品来看，她的小说纤柔温婉、轻灵别致，颇具韵味。在那用简洁明快的文字娓娓道来的故事中，总是含着一抹淡淡的忧伤，化不开，散不去。

我们在给予沈从文诸多关注的同时，也许忽略了张兆和的那

沈从文、张兆和（中）在友人家合影

份感情世界。虽是五篇小作品，却能从中感受到一个完整的张兆和。从“二小”“小还”“招弟”“玲玲”等小主人公身上，分明能看到张兆和自己的影子。

张充和年轻时写小说，张兆和也写小说，合肥张武龄家族文学值得研究。关于她小说创作的评论寥寥无几，但其实她内心澄澈，富有才华，不在其他几位姐妹之下。

世事沧桑，不离不弃

张兆和性情颇为文静，可她并非三从四德的旧式闺秀，而是打上时代烙印的实实在在的新女性。

张兆和与沈从文的爱情故事，曾是当年文坛上的一段佳话。我却觉得张氏四姐妹中遭受磨难最多的就是张兆和。面对沈从文的苦苦追求，张兆和最终应允了。相守则红袖伴读，伴出令人击节的《边城》；相别则鸿雁传书，传成温馨悦人的《湘行散记》。当浪漫爱情步入烟火婚姻，她也历经波折，却始终如一、耐心安静地等他回来，与他相守。

作为一名知识女性，她有包容；作为一位大家闺秀，她从容得体。抗日战火中，二人避难云南乡下，相濡以沫；1949年前后，沈从文被斥为“桃色作家”和“反动派”，他寂寞与苦闷、害怕与恐惧、茫然与疲惫，甚至因此自杀过，是张兆和最终唤醒沈从文；“文革”中不离不弃，夕阳中偕老余生……风雨人生中，沈从文依然是她一生的眷恋。从沧桑世事中走出的张兆和，写下这么一段话：

从文同我相处，这一生，究竟是幸福还是不幸？得不到回答。我不理解他，不完全理解他。后来逐渐有了些理解，但是，真正理解他的为人，懂得他一生承受的重压，是在整理编选他遗稿的现在。过去不知道的，现在知道了；过去不明白的，现在明白了。

几百字的《从文家书》后记，朴实感人，简洁生动。黄永玉先生抄录了这篇后记，刻成石碑，立在沈从文的墓地上。

世事沧桑心事定，胸中海岳梦中飞。再次怀想她的那本薄薄的小说集《湖畔》，想起她浓墨重彩的一生，她在小说中永远不老。

修竹当窗翠欲流，风光唤我强抬头。罗衣薄薄不胜秋。

已是蓬飘仍善病，未因花瘦更添愁。几时归上月明楼。

——张充和《浣溪沙》

十分冷淡存知己，一曲微茫度此生。

——张充和

张充和　蔼蔼岁月有沉香

张充和写小说

说来也巧，有一阶段，我很喜欢福州路的明天书店。细雨寥寥的一天，拐进店里，就在打折的书架处，购得一本《张充和小楷》。

开本是我喜欢的那种，秀丽典雅，有种柔和之光笼罩，不失温润之色，颇有女性温婉的气息。里面是张充和用精秀小楷录的一首一首的词，很疏朗的排列，读起来，还有点旧旧的、凉阴阴的感觉。其中的词意，有种从旧时光跨越而来的疏旷之美，密实地勾勒出她的词情，值得人珍重每处细节。

书搁置在那儿，有空的时候，会翻一翻，张先生笔墨蕴藉，轻轻的，软软的，有做梦的味道。某日，想起去细看前言，却又看见了意味深长的一笔。白谦慎在前言里介绍，张充和先生不仅擅绘事，而且在20世纪30年代中期，曾以各种笔名发表散文小品和短篇小说，文笔清丽，韵味深长。

原来张先生年轻时，也曾寄情于创作。俗话说：诗词虽好，小说难工。只为这一句话，想起张充和先生的短篇小说，很想找来看一看，她的一番娟洁笔墨，是如何氤氲起伏。许多与她同时代女作家的小

张充和在昆明小坐蒲团像

说、戏剧，市面上都还能够买得到，但寻张先生的短篇小说，却始终未见。但是可以推断，她与那些女作家的气场应是相互接通的。

身处时代变革中的女性作家，喜写短篇小说，宛若附丽着一种时尚。百岁高龄的杨绛先生，年轻时也曾写有小说，还有戏剧，在当时可谓风靡一时。女作家凌淑华、苏雪林，均爱舒展笔墨，既画画，又寄情于小说的写作。她们将情感微小的萌动都诉诸笔端，如古琴之音，缓缓而发。画画，写小说，作诗，填词，从这些民国女子的身上，我看见了一种奢华的展示，这是她们曾有过的修养与丰盈。她们是有浑厚的底子的，让人心里踏实。隔着一段时空去看，她们憩在时光的水墨深处，风俗画般意味深长。

张充和有张年轻时的小像，是古典与民国结合的典雅娟丽。让人不禁猜想，年轻时的她，写起短篇小说来，神情当是怎样的流美婉转，直与清秀的小楷笔法相互呼应。

闺秀的多样“艺术之美”

岁月有沉香。张充和出身名门，精书法，工诗词，擅绘画，娴昆曲，以通驭专，自成大家。她寿逾百岁，时人誉之为“民国最后一位闺秀”。

张充和幼时，归叔祖母领养，叔祖母为李鸿章侄女，对她极为钟爱，延聘多位当时颇享盛名的耆师硕儒教她，所以她很早就在诗文等旧学上造诣不凡。据说，张充和报考北大时，国学成绩出色，可是数理交了白卷，理应落选，是校长胡适之亲批录取，并且有评语说：该生国学远出一般水平之上，遗才可惜。

北大名师如云，书法名家沈尹默也在其中。张充和喜欢书法，孜孜不倦地练习，沈尹默教得也尤其尽心尽力。张充和的行草写得龙飞凤舞，有浓浓的沈味，相似程度不亚于女书法家褚保权。沈尹默也时常谆谆告诫这位女弟子："习书临帖，不必毕肖其人，苏黄米蔡都是从王字出来的，可是都不囿于王羲之，都有自己面目。"他还多次勉励张充和："你的晋唐小楷千万不要止步，持之以恒，必然是几百年来第一人。"

张充和不仅擅书，还擅画，山水点染，设色讲究。沈龙朱曾撰文回忆："我还见过四姨画的工笔山水横幅长卷，看她极其细致地研磨翠绿颜料，用极小的尖毛笔为山势的边缘描金，那份持久耐心、细致，考究用色叫人佩服。"

她的画，娴静有致，"意足无声胜有声"。山水之外，张充和还画有一幅《仕女图》，也颇有意味。那是1944年，张充和就手在重庆画了一幅《仕女图》。此画由其师沈尹默先生的诗句引起："四弦拨尽情难尽，意足无声胜有声。今古悲欢终了了，为谁合眼想平生。"充和由此画了这幅仕女怀抱琵琶的写意图，后来陆续又有章士钊、汪东、乔大壮等名家在画作上题词。此画后来历经波折，最终还是回到了张充和手里，她一直将之悬挂在家中，睹物思友。这让我想起她那副十分有名的对联——"十分冷淡存知己，一曲微茫度此生"，真是慧心妙语，着实让人喜欢。

昆曲，是江南的一片枫叶。张充和在这方面造诣很高，曲

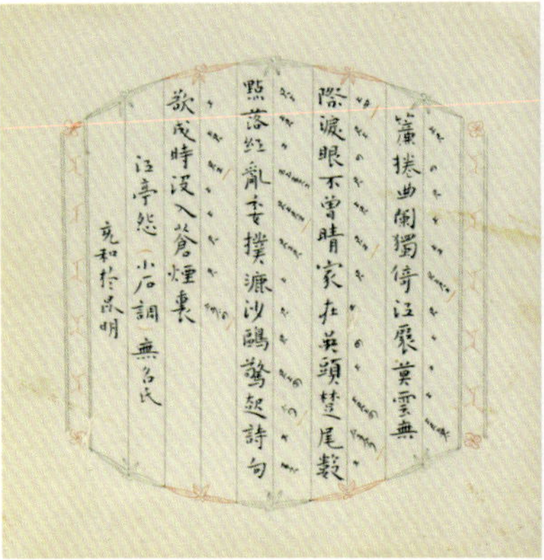

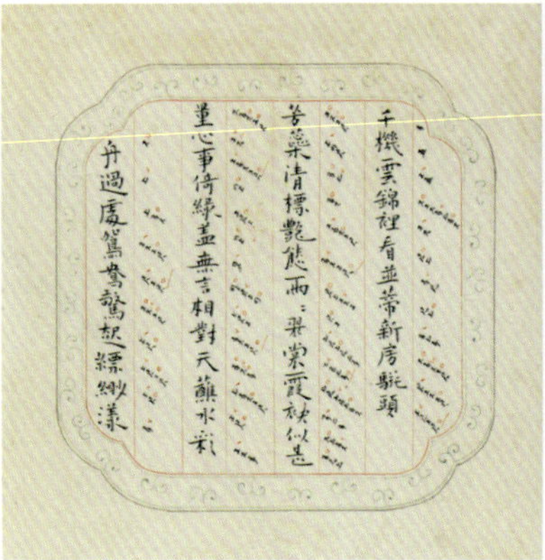

左　昆曲工尺谱　张充和书

右　昆曲《刺虎》剧照

调古朴，气韵天成。有人在她演出《思凡》之后写诗赞道：“一曲《思凡》百感侵，京华旧梦已沉沉。不须更写还乡句，故国如今无此音。”她曾与北方伶界执昆曲牛耳的韩世昌合演过一场《牡丹亭·游园》。一般人总以为，张充和必定是陪演春香。谁知，她演的是杜丽娘。她本来要演春香，可韩老先生非常执着，一定要演春香，非要她演杜丽娘不可。伶界大师与豆蔻少女的合作，在当时传为一段佳话。她年逾七旬时，不惧秋霜岁侵，仍与大姐张元和在北京同台演出昆曲《牡丹亭》，可谓白发红颜惊艳世人。经她的莺声啼啭，昆曲艺术传之后代，兰花之香也飘溢海内外。

她的师友知交包括沈尹默、胡适、钱穆、张大千、卞之琳等一众文人雅士。岁月如流，人事迭出，但仍可以领略到闺秀多样的“艺术之美”，这才是雅事。

曲终人不散

张充和先生已驾鹤西行，我只能从书中渴念梅花，惦记笛声，领略其风神。

张充和一生颠沛流离，生于上海，长在合肥，求学北平，辗转昆明，远赴美国，用她自己的话说：“我什么事都经过，我不大在乎，没有什么了不起的事。”正是这份淡定与豁达，让她身历百年沧桑而自成高格。

1948年夏，张充和与洋人傅汉思开始了恋爱。因为充和，傅汉思开始了古典文学的研究；因为遇见了热情开朗的傅汉思，充和开始介入柴米油盐的生活。热恋期的傅汉思，有时会随着笛声吟唱《长生殿·弹词》，一位洋人能唱如此高深莫测的昆曲，令周围人不胜诧异。

著名才女待字闺中，自不乏追求者。著名新诗人卞之琳也对她苦追不舍。张充和却对他一点情思也没有，对于卞之琳献给她的诗，既看不懂，也毫无感觉。1948年11月19日，她终于与傅汉思结成连理，成为天造地设的一对。张充和与傅汉思的结婚照里，两人着西式礼服，实是一双璧人，有气定神闲的优雅之美。

结婚之后，两人赴美长达30年。在美国，张充和以教授书法和昆曲为业。两人曾在美国合作出版《书谱两种》。1962年10月20日，曲友项斯凤在美结婚，张充和为她刻了一枚长条章：一生爱好是天然。图章是红的，刻在黑塑胶上，用石绿进去。当时她与傅汉思经济并不宽裕，与纽约生意人比起来仍是穷人，但这份中国的礼物是有钱也买不到的。

“一生爱好是天然”是《牡丹亭》中的一句唱词，也是张充和演了一辈子的戏。尤其值得一提的是，作为一名昆曲爱好者，一边要学唱曲，一边还要置办行头。张充和并非专业表演者，所以装备、行头都要自己准备。张充和演旦角，演《牡丹亭》里的春香，唱《思凡》，唱《断桥》时，她都自己置办过戏服。好在她的家庭条件好，为使唱曲和装扮能够得到相得益彰的体现，她有时甚至不惜以卖田所得来置办戏服。1947年，张充和为配合表演，需要定制一套苏绣的戏服。苏绣戏服图案秀丽、构思巧妙、绣工细致、针法活

张充和与傅汉思结婚照　1948 年

泼、色彩清雅，价格也自然不菲。为了购买这套戏服，张充和不得不将安徽的田产卖掉，由于出手匆忙，田产贱卖所得仅勉强抵得上这套苏绣戏服的价格。不过，这套戏服确实为她的表演增色不少。为此，张充和写过一首《鹧鸪天》词，下阕中记："霓裳蠹尽翻新样，十顷良田一凤凰。"后来为了支持海外昆曲社的发展，张充和将这批戏服捐与该社。由于该曲社学生多系西方人，身材高大，很难穿上张充和尺码的戏服，于是这批带有点翠的戏服又被赠予中国戏曲博物馆。

年轻时的张充和优雅娴静，如此典雅仪态是在家庭教育以及社会时代变迁中孕育而成。从晚清重臣张树声到乐益女中张冀牖，从合肥龙门巷到苏州九如巷，张家一直都是庞大富有的大家族，加上苏州从古至今滋养的一种温情雅致的情怀，成就了佳人的璀璨传奇。

闺秀旧事如天远，这位集曲艺、书画、诗文等艺于一身的一代才女已经离去，但透过她的人生轨迹，可以体会到那沉淀的贤淑嘉懿，沉静温婉……

书画沧桑

一生毫素相陪，嫦娥寂寞图中见。银辉月涌，蝶飞梁祝，西厢轻叹。偏爱晴雯，木兰锐气，红楼唱晚。算巾帼英豪，古来无几，堪称是，知肝胆。

寄意千秋共此，写诗魂，男儿难辨。不须泼彩，凝眸颦处，风华尽染。未识闲愁，惜春当即，梦弦惊断。更无人续笔，临窗把盏，了东篱愿。

——蒋力《水龙吟》

王叔晖　一代画师沧桑事

“闺香中近百年无此笔墨”

蒋力先生填《水龙吟》一词，素心词意，勾勒出一代画师王叔晖绘画生涯的轮廓。称誉自见，又有深深的叹惋：王叔晖一生寂寞，知肝胆者少；她的风华笔墨，无人能够接续。

一直很迷王叔晖的工笔仕女画，一个个美丽的岫烟云霞般的女子，既清秀又雍容，既端庄又灵动，始终给我惊鸿一瞥的感觉。工笔画曾一度跌入谷底，在她笔下却焕发生机，雅俗共赏，可谓奇事。她以一部《西厢记》的人物仕女画，享大师画名，矜持高洁，可谓独步一时。

这位原籍浙江绍兴的才女，字郁芬，生于天津，后定居北京，在工笔画领域里面，占有一席之地。实际上，王叔晖先生予我的形象仿佛并不“闺秀”，也不婉约。她烟、酒、茶不离身，长得矮矮瘦瘦，并不符合我理想中细眉秀眼的闺秀形象。她出身低贫，入的不是清贵一格。可赖有斯人慰寂寥，在霜浓天寒的秋夜，从网上看到蒋力写的一代画师王叔晖传略，老人一生浮沉，原来她的身世，有种源自冬天深处的况味。

王叔晖

王叔晖从小爱画画。有一次，天落大雪，叔晖看着窗外雪后的景致，饶有兴趣地摹画起来。家里来了客人，她便在一边偷偷描摹客人的服饰。家里人看到她的画，都觉得画得还挺像。一日，有位客人发现了正在画画的她，仔细审视了一番她的“作品”，郑重地向她父母建议：送这孩子去学画吧，或许将来会有出息。王叔晖二姐夫之弟吴光宇，也是一位名画家，擅长人物仕女画，他见叔晖有此专长，特地推荐她进了中国画学研究会。王叔晖先后师从吴镜汀、吴光宇等人，还是霜红楼主徐燕荪的入室弟子，早年便以仕女、罗汉等人物画而知名。

中国画学研究会颇值一提。它始建于1920年，创始人是当时的大总统徐世昌，会址设在中山公园“来今雨轩”东侧。每个月有六次例会，届时，学员们带来画稿，请研究会评议、讲师等先生们指教。画会以“精研古法、博采新知”为宗旨，提倡学习宋元及南北各家，不专宗四王。会长为周肇祥，办有《艺林旬刊》。周肇祥身兼北京古物陈列所所长一职，常趁职务之便，从陈列所借出一些古画，让研究会的学员临摹。王叔晖从历代名画珍品中汲取营养，并有幸将它们带回家认真临摹，勤加练习。研究会当时名家云集，陈汉弟、胡佩衡、溥雪斋、溥心畲、张大千、黄宾虹、萧俊贤等人为评议。画学研究会中有人虽见叔晖画得好，但欺负她人小，又是一介女流之辈，对她不免轻视，言语之中多有讥讽。当时女画家孙诵昭却对王叔晖格外赏识。孙诵昭是无锡人，为齐白石的女弟子，出身书香门第，能诗善画，书法亦有成就，曾在京师女子师范学堂等数所高等学府任教，并在研究会任评议。她暗地里观察，新来的叔晖小姑娘绘画功底不错，又肯用功，便特意私下里告诫她：书画同源，想画好画，须先练好字，多写斗方大字，腕力练到家，勾线才会流畅自如。王叔晖按照孙先生教的办法去练，笔下功夫有了明显的长进。入会三年间，她几乎年年得到研究会颁发的奖品。周养庵会长看到她临摹的一张古代仕女画后，赞赏之余，特意在画上挥毫题道"闺秀中近百年无此笔墨"，还聘请她担任了研究会的助教。在画学研究会，除评议之外，助教一职也是显示画家实力的。女画家江南蘋也曾任此职。可见，王叔晖已是当时画坛颇有影响力的画家。

从"西厢情愫"到"红楼未竟"

布衣秀才张生与相国千金崔莺莺偶然相遇，一见钟情，私订终身。元代剧作家王实甫的剧作《西厢记》至今传唱不绝。

中华人民共和国成立后，王叔晖投入工笔人物画《西厢记》的创作，也就此与《西厢记》结下不解之缘。

1954年，王叔晖根据王实甫的这部《西厢记》画了一套16幅的连环画作品：画中的崔莺莺形神生动，环境诗情画意，色彩典雅端丽。相传，这个故事发生在山西永济的普救寺。而王叔晖从未去过永济，因为任务时间紧迫，她选择了建筑上有代表性而且也是她熟悉的北京广济寺作为参考。为了画好这部作品，她在人物刻画上使用了传统的三白脸画法，勾线用的是钉头鼠尾描。尤其值得

上　连环画《西厢记》书影　王叔晖绘

下　《西厢记·听琴》　王叔晖绘

注意的是那色彩的运用，颇具匠心。一共16幅画面，为了避免画面颜色单调，画家让其中的人物频繁更换服装。例如张生，在他出现的15个场景中共设置了9套服装；红娘出场12次，也有9套服装。有人提出，在服丧时期，画家没让莺莺和红娘着孝服，还在她们身上使用了彩色装饰，是不是违背了原作？其实，这是经过王叔晖的巧妙构思的。莺莺因在服丧期，打扮自然不能过于艳丽，于是莺莺出场，穿的是素淡的服饰——一套白色长袍。但为了避免画面过于单调，就又换了一套，是绿色长袍。同时为免画面太过清素，王叔晖更在每套服装上都点缀以彩色装饰。这使得作品绚丽典雅，“浓的不烈，淡的不流”。

《听琴》一幅，是表现才子弹琴、佳人倾听的场景。屋内，张生琴遣心声；墙外，莺莺探身倾听，身段端庄娴雅。琴声顺着风儿飘来，崔莺莺已然听到张生心声。如是构思，让读者在一幅图中，同时感受到莺莺的期待和张生的琴声。这套连环画完成后，曾有一位音乐行家向王叔晖指出：16幅本《西厢记》中《听琴》一幅有个小小的错误：张生弹琴，右手用了食指拨弦，其实应该用中指。这个小小的提醒，王叔晖在心里记了多年，后来她想了一个变通的办法——用窗棂遮住了右手的一部分。一般观者是注意不到的，这也是王叔晖的高明之处。

1957年，王叔晖再次提笔，创作了128幅本的白描连环画《西厢记》。1983年，王叔晖应邀创作的《西厢记》邮票正式发行。至此，她的《西厢记》创作前前后后历时近30年，堪耐寻味。

王叔晖又为《红楼梦》创作有黛玉、湘云、宝钗、凤姐、李纨、迎春、元春、惜春等形象，此外还创作了两幅《宝琴立雪》图。我特别喜欢《晴雯补裘》这一幅画，正是闺秀女流的藻思。孰料，《惜春作画》竟成绝笔，画未终，人先去，绵绵红楼情愫，未得尽意挥之笔端，留下了永久的遗憾！书法家沈鹏为此写下悼诗：

楼院昏昏落日斜，忽闻女史走天涯。

魂归泉路钗销折，画到西厢玉绝瑕。

一管串联红锦线，百年来去白荷花。

仙游应化花中蝶，梁祝相随舞万家。

从“西厢情愫”读到“红楼未竟”，一代画师的杰作，竟成绝响。画片之事虽小，叔晖却以其为大矣。一位孤独女子为了艺术，投身于其间的身姿，而今安在哉？

丹青赋写寂寥人生

一生最爱是丹青。读王叔晖的个人经历，不只看洁来洁去的闺秀故事，更是看她的人性光辉。还看过一部王叔晖的纪录片，老年时的她，平凡而简朴，孑然一身，在破败的老房里惨淡经营那一帧帧精妙绝伦的形象，她虽终生未嫁，却画出了最经典的爱情故事。

在网络时代，书画信息较为丰富，很容易能查找到王叔晖所绘的人物画像。《孔雀东南飞》《梁山伯与祝英台》《生死牌》《杨门女将》，都是她巅峰时期的作品。她的单幅人物画有王昭君、李清照、花木兰等，时给人惊艳之感。头发画得尤其好，“丝头发”是其一绝。王叔晖女史的工笔仕女，清艳出尘，系人心愫，是“传神写照”，而非文人自娱。无事时，体会她们的“环肥燕瘦”，不由自主会动绮念，赋深情。少年谋生不易，她不像有些风雅的闺秀，葆有一份闲情逸致，兴趣来时，磨一砚台浓墨，好整以暇地写几副春联，描两帧斗方，或者画几幅淡彩花鸟，以应时景。王叔晖一生清贫，无儿无女，可所绘人物，却深情而节制，纯美而内敛，从其画风中可见其孤独、忧伤的气质。

百年叔晖，她的人生怎忍细说？百度百科上不过是一篇人生小传，寥寥千余字，怎能涵盖她的纵横才情？好在蒋力先生与王叔晖渊源深厚，他一写、再写、三写王叔晖，在《读库》主编张立宪的力约下，先后创作修订《丹青赋——王叔晖传略》一文，长达3万余字，收录18幅图片，鲜活而丰富。编者也慧心体贴，将王叔晖所绘《杨门女将》《孔雀东南飞》《梁山伯与祝英台》《西厢记》等作品节选一二，30幅图以浓缩精华的形式呈现，让读者体会其中的千秋女儿心。后附18幅彩色连环画，尤其值得细赏：《西厢记》部分，为《初遇》《和诗》《赖婚》《听琴》《赴约》《佳期》《长亭》，笔墨楚楚，让人惊艳；《生死牌》四幅，其中三姐妹抢摸生死牌一幅尤其动人，我把它发在微信上，点赞的人很多；另有《易安居士燕居图》《滴翠亭宝钗戏粉蝶》《红楼梦故事之王熙凤》《晴雯补裘》等作；最后有王叔晖的侄子王维澄提供的彩色遗作三幅，颇为珍贵，只可惜所绘内容不详。《读库》还出版有《画西厢》精装笔记本，将王叔晖几次画《西厢记》的包括邮票、彩绘、白描等创作素材与最终作品对照出版，让人从容细致地赏析王叔晖三次创作《西厢记》的精美画面，彰显女画家典雅绘画图景，一派清雅，夺人心神。

王叔晖的仕女画文人气息浓厚，焚膏继晷画出来的其实是胸中的学问。她绘画中的况味，很大程度上保留了心灵中最直接的东西。

寻登载蒋力先生文章的《读库》稍有费心，近十年前的杂志，快递寄来时已是灰扑扑的，又略有水渍旧痕。扉页贴有王叔晖《读书图》藏书票，可谓有深意在焉。一篇读罢，爱叔晖，也爱蒋力之文。连他的落款住处也留意着：望京花园。有曾经熟悉的作者住在那里。丙申盛夏，从上海长乐路人民美术出版社的书店走过，见到有王叔晖的“小人书”，毫不犹豫地买了下来，深浅点染之间，恍然重见梦落潇湘的画人沧桑，也算是续了与她的一脉缘分吧。

夫子文章可得闻，驱胡一檄静尘氛。

大观有教真无类，中行居贤不乱群。

否塞那堪天地闭，遁藏宁以死生分。

锄经长忆微言在，独抱韦编自策勋。

——黄绍兰　纪念章太炎逝世三周年所作

黄绍兰　秋兰经霜独自芳

兴办女学之翘楚

路过新天地，站在太仓路黄陂南路的十字街口，看到博文女校的旧址，就会想起月白风清的女校旧事。

风气初开的民国，有一位女性，眉头紧蹙，心事重重，漫步在南通的一所校园。她原从湖北武汉来到上海，羁旅他乡，人生多磨难，去年通过积极争取，好不容易在上海创办了一所博文女校，算是给她心头以安慰。每当青春活泼的女学生散学时，她都会站在窗口望着她们的清丽背影，心底涌上一种温暖、深邃的心绪。在朝朝暮暮的相处中，她对这些女生体贴入微，关爱有加。女生们对她，也始终怀有丝丝敬慕。可惜好景不长，由于办学时招生不足，经费遇到困难，女校被迫停办。通过介绍，她来到南通的这所女子师范学校，担任国文教员。可人在南通，心系上海。她不想让自己苦心经营的女校折戟沉沙。日思夜想，辗转反侧，突然间，她想到南通的实业家张謇，他为广开民智，大力推进女子教育，其爱至深，其心至浩，其思其行广及天下百业。找他赞助女校，或许能成。想到这里，她顿时感觉眼前柳暗花明。

黄绍兰

这位奇女子，名为黄朴，字绍兰，湖北蕲春人，可谓“气质美如兰，才华馥比仙”。她能成为永垂青史的一位女性，不只因为她是国学大师章太炎门下唯一的女弟子，最主要的是，她曾任博文女校校长。

黄绍兰虽出身名门，可毕竟不是只谈风月的闺阁女子。从明代中后期到清代，能书善画的才媛层出不穷。她们通常有家学渊源，祖辈、父兄往往都是诗书画名家。进入民国后，闺阁女子除了家族熏染，更在新旧文化碰撞、西学东渐的大背景下，有了更广阔的眼界、更宽泛的人际交往、更大的社会影响力。她们不再被局限于自家的楼台水榭，而是颇有声势地办画展、建协会、教学生，时常与博学鸿儒谈笑风生，或驰骋诗情画艺，真可谓巾帼不让须眉。黄绍兰正是民国时期上海女性之翘楚。

她为人爽朗率直，曾参加上海女子北伐敢死队，又为教养辛亥忠烈后裔费尽心血。而且，她的志向在于女学。才女这样坚韧果敢，才思拔俗，让人心生一番敬仰。

博文女校是民国年间一所全日制女子学校。1916年，由黄绍兰和徐宗汉、汤国梨等联合发起成立，为当时小梳妆、齐盘扣的闺阁女子提供了学习场所。三位女杰都是名家。“香山女侠”徐宗汉，钟情于轰轰烈烈的革命，曾与黄兴有一段碧血黄花照良缘的经历。章太炎夫人汤国梨，富有才情，能诗，刊有《影观诗稿》，因而有“影观词人”之称。她的诗句为世人称赏的有“乱山遮断日，一水带孤城”“千山冻雪连溪白，万树梅花绕屋开”。沪上名家谷苇先生曾写《汤国梨之忆》一文回忆她。

三人之中，黄绍兰任博文女校校长，也开启了一段非凡的人生旅程。1917年，博文女校租法租界贝勒路（今黄陂南路）民宅开学。由于初办时招生不足，经费遇到困难而被迫停办。可心有愿景，花香满径，1921年春，黄绍兰得到张謇之兄的资助，另租法租界白尔路389号（今太仓路127号）的民宅开学。于是，博文女校又传来女生们欢快的笑语，也就此开启了一段新的历程。

书写博文女校的芳华

流金岁月里的中国女学，对于社会所做的贡献，有目共睹。它们像一座花园，孕育着美丽的鲜花，至今仍然清香满园。如中西女塾的宋庆龄、北京女师大的许广平、贝满女中的冰心、圣玛利亚女中的张爱玲、苏州女师的吴健雄、金陵女子大学的吴贻芳、上海平民女学的丁玲……闺秀芳华永远是人们追忆逝水年华的引子。

正是7月燠热季节，尽管已有社会人士的资助，黄绍兰依然为办学经费操心。转眼间，8月底的新学期又将如期而至，又要招新生，筹备新学期事宜。怎么办？她为此又愁眉不展。一人为她献上一计："绍兰，你的书法那么好，何不鬻书换钱？"这个主意让她眼前一亮。她从北京女子师范学校毕业，不仅学术精深，深窥堂奥，而且喜欢临池。大多数书画闺秀喜欢在花鸟鱼虫之间游离与更迭，可才女黄绍兰钟情的是书法。她自小受父亲影响，用笔的顺逆、转折、方圆、肥瘦、迟速、浓淡、枯润皆有家法。她的楷书出入晋唐，对唐代欧阳询的书体致力尤深；用笔稳健平实，遒劲有力，曾经效仿“两朝帝师”翁同龢的书法，风格苍浑遒劲，朴茂雍容，几可乱真。求她书法的人，可谓门庭若市。鬻书助赈，是一个好主意。

章太炎对这位唯一的女弟子，也是青眼有加。他与张謇、黄炎培、章梫等社会知名人士，在《民国日报》上不遗余力地为博文女校的招生做宣传，同时，还为黄绍兰鬻书登载启事，赞赏她的学识，赏识她的办学经历。黄绍兰依靠社会力量，得到社会知名人士支持，再加上一些知名书法家也纷纷捐赠书法酬劳为学校筹划经费，博文女校终于顺利运转起来。

博文女校，从某种意义上，是培养“娜拉”的摇篮，孕育了日后另类“娜拉”的精神个性。上海小姐们活泼而灵慧的身影充满其间，红砖墙映着女儿红，小陡木梯衬着绣花鞋，昏暗的小房间里张扬着青春的梦想，无论如何也是好看的。

青春盛华时期的黄绍兰，正直向上，热情热心，她致力于国家和大众民生的进步事业，也关心着博文女校的师生成长。在她的领导下，博文女校师生经常参加各种社会进步活动。五四时期，博文女校的学生就在她的带领下上街积极宣传，坚决抵制日货，提倡民众用国货纸伞。春华秋实，秋收冬藏，她得以在这里书写自己的一份芳华。

为红色册页钤印

太仓路的这幢石库门房子有沉穆静气，在这座曾经青春盎然的女校，女生们的琅琅书声余音绕梁。但是，博文女校却不仅因为“女校”的身份名留史册，更因其与中共一大有着不解之缘，成就了历史中的珍贵一页。

1921年的暑假，女校已行休业礼，女生们均已放假回家。黄绍兰还在校长室办公。只见一位身形瘦小的女子推门而入，来者是《妇女声》杂志编辑王会悟。她向黄绍兰打招呼说，北京大学有一个师生暑期旅行团要来上海，想借住在女校。王会悟与黄绍兰很熟，她曾经做过徐宗汉的秘书。徐宗汉既是这所女校的董事长，又是商务印书馆编译李达的夫人，所以黄绍兰很爽快地答应了。

于是，“北大师生暑期旅行团”一共九人，陆陆续续来到这里，他们有的说湖南话，有的操湖北腔，有的讲山东语……大家相互寒暄着，个个斯文有礼，客客气气。这九个人，分别是毛泽东、何叔衡、董必武、陈潭秋、王尽美、邓恩铭、包惠僧、刘仁静、周佛海。除北京代表张国焘，上海代表李达、李汉俊，广州代表陈公博（他因新婚，偕新娘同时来沪，住南京路东亚饭店）外，其余代表全部以“北大师生暑期旅行团”的名义住在博文女校。其间，中国共产党第一次全国代表大会的诸多筹备工作都在这里完成。开天辟地的一页，就这样揭开了它的红色序幕。黄绍兰自己也没有想到，无意之举，却为中共的红色册页钤上宝贵的印记。

这片清明俊朗的石库门建筑如今被保存下来。人和建筑之间

博文女校　作者摄

的缘分真是难以言喻，谁能想到，当年上海的民宅之美能嫁接于国家历史的重要时刻，因而变成最珍贵的纪念场所？

在旧时月色映照下，博文女校早已呈现出斑驳的景观，烟云往事，只能回首与念想。

作为独立自由的女性，黄绍兰始终有着卓荦不凡的精神旅途。在博文女校停办后，她曾任章氏国学讲习会讲师、中山大学教授、太炎文学院教授。可惜的是，幽兰不共群芳去，黄绍兰的闺秀才情，却未能为她赢来良好的婚姻生活。她因丈夫黄侃的离弃而风雨飘摇一生。为此，她晚年清静自处，原先她曾名学梅，字梅生，后更名为朴，更字为君素，雕刻出日渐素朴的生活境况。

据说，晚年的黄朴在心灵上始终留有阴影，因精神抑郁而自缢身亡。像她这一代浸染过深厚的传统文化、有古典遗韵的才媛，虽已凋零，终成绝响。

自游学欧洲，遍观彼邦文物后，画益进……视古人竟不多让。

——金城评金章

世间但知金陶陶（金章）以画金鱼得波涟灵动之感，实则其花卉翎毛亦楚楚有致，皆有宋元遗意。

——专家评金章

| 金章　锦鳞绘就闺阁情 |

这个南浔女子不寻常

徐迟大家，他笔下的湖州，可用“水晶晶”一词来形容。春天去湖州南浔，错落间隔的百间楼，波光粼粼，想起女画家金章，她温文俏丽的眉目之间，俱是江南女子的爽朗才情。

1906年，湖州南浔的承德堂老宅，青砖黑瓦，白墙高耸。雄浑秀丽的大宅院内，有一位女子，正在画室用心习画。她身着绣花衣衫，素净清雅，头发梳理得齐整，在后面盘旋成髻，右手握一管小楷毛笔，面前摊着雪白的扇面，身后是一扇花鸟屏风，眼神淡定从容，唇边浮着优雅的微笑，一副大家闺秀的才女风范。

这位爱画画的女子，名金章，生于1884年，字陶陶，号陶陶女史，别号紫君。她是王世襄先生的母亲，也是著名的金鱼画家。

金章出身于南浔一个富裕的丝商家庭。家庭的艺术氛围相当浓厚，可以说是一门清芬。长兄金城（原名金绍城，号北楼）为20世纪北方画坛领袖，二弟金绍堂（号东溪）和四弟金绍坊（号西厓）均是著名竹刻家。

她自幼从长兄金城习画，花鸟之外，尤擅鱼藻，又工诗词，精

金章

于楷书，写得一手秀雅端丽的小楷，颇具晋唐风韵。这得益于其父金焘的一次无心之言。原来金章幼时与兄长、二姐怡怡及幼弟们，在家塾练习书法和诵读“四书”“五经”。一日，父亲来到学室中，临走时嘱咐教书先生说：“男孩子读书写字，请务必严加管教；女孩子则不必太认真，学好也无大用，早晚出嫁。”陶陶听闻父亲此言后，心中颇为不平，认为父亲如此重男轻女，实是思想陈旧。为了争一口气，她在读书上倍加努力，临池也尤为用心，立志把字练好。果然在书法造诣上，日后兄弟姐妹中无人能及，连祖父金桐的墓志铭，也是由她一手抄录。

金章不甘人后的性格，也让我们直到现在还能从她遗留下来的《写经轴》等书法作品中看到她一手工整漂亮的小楷，完全是晋唐风韵，不让须眉。

1898年，金章被父亲送入上海著名的贵族学校——中西女塾就读。在这所学校里，金章不仅初步掌握了英语，还熟悉了西方的文化背景和风俗习惯。1902年，金章19岁，跟随长兄金城、二兄金绍堂以及三弟金绍基一起漂洋过海，远赴英国留学。她在英国学习的是西洋美术，历时三载，接受了良好的教育，也开阔了眼界。

1909年，她远嫁北京，婚后随夫王继曾赴巴黎生活。王家是累世为官的书香门第，王继曾也曾在上海的西式学堂就读，后留学欧陆，对文学与艺术由衷热爱。两人可谓郎才女貌，佳偶天成。王继曾多次偕妻子金章出使外国，金章精通英、法两种语言，一时有才女之誉。

1920年，金章有一段不容错过的金粉岁月，她在中国画学研究会担任“评议”教职，悉心指导学员画画，教授锦鲤文化。这家研究会在中国画坛上享有盛誉，由金城任会长，招生收徒，传播中国画艺。

在当时，“评议”是画会中地位最高者，要求具有较高资历。金章当时以花鸟闻名华北，每星期五、六，她有一位侄子兼学生，总是兴致盎然地去找她，一面为她磨墨，一面跟着她学画。她以科学的分析方法，教给他许多作画技巧，不只宋元绘画，像唐朝李思训、李昭道父子金碧山水的勾描、青绿填彩等，也一一为他解释、示范。

在一次画会上，金章正讲解得津津有味。一位女会员站起来，打断了她的课，向她请教金鱼的画法，并希望能有书面的教材，以便平日在家自习。金城知道后，也怕只是口头讲授技法，学生不易记忆，故也希望金章能写成书。金章听后，觉得言之有理，于是，她摒弃一切俗务，用近两个月的时间写成了一本画鱼专著《濠梁知乐集》，分为谱录、史传、作法、题咏等四卷，讲授“水中仙子”的画法。

“濠梁知乐”的典故，当是从《庄子·秋水篇》中化来，也可蠡探出如斯逝水人世之中金章的为人处世、绘事性情，自有一种在川知乐、优游素想的哲学意趣，让人雅羡。

金章于鱼藻绘事，颇有慧心。无论是南浔的“可读庐”，还是北京的“芳嘉园”，都蓄养着倏忽嬉游的金鱼。那些金鱼于绿藻青荇之间，无异于一首活泼的诗，一幅生动的画，让人虽身处闹市斗

金鱼图　金章绘

室，却“目尽尺幅，神驰千里”，如游于青山绿水之间，感受游鱼的清幽，身心俱凉。

她画得最多的是鱼，扬名艺坛的也是鱼。金章曾随兄弟一起游学英国，专攻西洋美术；又与夫君同赴法国，得以领略欧洲艺术文化之都巴黎的风貌。在居法时期，她能随时在各大博物馆、美术馆仔细揣摩世界一流名画艺术，精心观察各类文物古董，获益良多。既游艺于传统，又有机会窥于西窗，她的画鱼手法自然独特。1915年，她画了一幅《金鱼》团扇，此作打破传统的绘画手法，用朱砂、淡墨写鱼，细勾金鳞，意态生动，水面垂紫藤一枝，设色尤为妍丽，又注重所绘之物的立体与光影效果，似乎是受了西画的影响，使金鱼画作多了一片优游风景。她将这幅《金鱼》团扇送给兄长，金城看后，赞道："吾妹不轻作也。"

母子情深，锦鳞情怀

作为一名风华女子，金章始终有着非同寻常的理想、信念和爱。她深厚典雅的艺术修养、别具情致的教育方式，对儿子王世襄的人生轨迹，可谓有深刻影响。

小世襄自幼随母亲一起生活，特别调皮。母亲作画时，他也喜欢涂涂画画，甚至将家中的墙壁都画花了。金章对此，并不多加约束，而是任由他自由自在地涂鸦。在儿子七岁的时候，金章曾带着幼小的世襄来到上海，在闸北仁和里的舅父家小住。金章祖父金桐于上海开埠后，曾与西方客商进行生丝的出口贸易，生意兴隆，获利丰厚，在上海广置产业。金章带着儿子住在洋房中，繁华都市让小世襄长了见识。在上海稍作停留后，他们又回到南浔的老家"承德堂"。这是王世襄第一次来到母亲长大的地方，水乡小镇，安静清幽，适合修身养性。这一段童年经历，王世襄印象颇深，以至于他到耄耋之年，仍能回忆起幼时这次随母亲回乡的情景。

后来，金章又带着世襄游杭州、普陀等地，使他遍览江南美景。她知道儿子对经史之类不感兴趣，却特别喜欢诗词，就督促他背诵李杜诗词。在闲适的环境中，只要是对儿子的身心健康发展有利的，金章就任由他玩耍。王世襄自己说过："我十岁始养鸽子，每天举着大竿子撵鸽子，因此对身体有好处，母亲允许我玩。”在金章的呵护下，王世襄秋捉蛐蛐、冬养鸣虫，全身心地浸润于各种玩乐游艺之中。直到1939年5月8日，金章因病去世。王世襄始从无忧无虑的玩乐生活中醒悟。他开始发奋读书，用功写研究生论文《中国画论研究》。

王世襄是位孝子，深怀悼母念亲的幽思。抗战期间，王世襄曾携母亲所撰的《濠梁知乐集》入川南，因担心此遗稿毁于日寇战火，他用工工整整的小楷亲手抄录初稿，几十年后又为母亲重新编撰影印。此书广受读者欢迎，成为学习画鱼的必读之书。

王世襄为编辑此书，可谓费尽心力。曾有编辑友人拜访王世襄，王世襄为展示金章画作，不顾八十五岁的高龄，站在高凳上手持画幅。友人见他年事已高，还站在高凳上实在危险，提出要代劳。但为表孝意，王世襄坚持不要，而是事必躬亲。

晚年时，王世襄还编辑了《金章：金鱼百影》，将思母情怀化成水影波光一样的思念，深深浸润其间。于是，我们得以看到金章笔下更多的金鱼——又大，又圆，又润。那鱼眼睛极为轻灵，鱼尾也显得特别飘逸。她的濠梁之鱼自成一格，清爽明丽，似带着一股悠悠仙气，让人见一幅喜欢一幅。

数十年过去了，金章其人已人影微茫，一代金鱼女画家古韵优雅，让人平添了几多追慕古典美的情愫。一点一滴地搜集她的生平、逸事、画作，还原出一位江南才情女子，也徜徉在她所绘的绿水碧波的游鱼之中。可知锦鳞沉潜之处，也自有闺秀斯文一脉。

梦魂惊觉，一片纱窗晓。春风暖，芳菲早。梁间双燕语，栏角群蜂闹。酬佳节，及时莫负韶光老。

正好舒怀抱，休惹闲愁恼。红杏艳，夭桃笑。清明新雨后，绿遍池塘草。拼醉也，酡颜任教花前倒。

——潘静淑《千秋岁·清明》

| 潘静淑　“梅景书屋”的女主人 |

丹青陪嫁，翰墨姻缘

江南旧时大户人家嫁女儿，讲究十里红妆，流光溢彩的喜庆繁华场景，常常吸引世人的目光。可是，民国年间苏州的潘家嫁女，却与众不同。

1915年，潘家有女自长成。在欢快的唢呐声中，潘静淑款款走出。这位富贵人家的千金要嫁给世家出身的吴湖帆，她的心里充满了喜悦。让人惊奇的是，她的陪嫁物不同于一般殷实富足之家的金银珠宝、绫罗绸缎，而是一批颇有分量的金石书画。

关于潘静淑的丹青陪嫁物，可以列出长长的一串。奁资中有传世名帖：唐欧阳询的《化度寺塔铭》《九成宫醴泉铭》和《皇甫诞碑》三帖。恰好祖父吴大澂授予吴湖帆的藏品中亦有欧阳询的碑刻拓本《虞恭公碑》，四本欧帖会于一室，吴湖帆居所遂有了“四欧堂”之称。更有意味的是，夫妻二人日后生下的孩子，均有“欧”字嵌其名中，曰孟欧、述欧、思欧、惠欧，以示他们对欧阳询书法的尊崇。陪嫁物品中，还有《董美人墓志》《萧敷、敬妃墓志合册》等，其中还有一件是清帝御赐潘氏先人的玉华砚，更是价值连城。

潘静淑与吴湖帆

潘静淑出身百年簪缨世家——苏州潘家，属于苏州显赫的“贵潘”。她的伯父潘祖荫是光绪朝的军机大臣，曾祖父潘世恩亦累官至军机大臣、大学士。潘家一门世代簪缨，官政可考者达数十人。潘家历代嗜古物，富收藏，所以潘静淑的嫁奁中就出现了唐欧阳询的《化度寺塔铭》《九成宫醴泉铭》……这样的家族背景所带来的山海之藏，起码使得吴湖帆的艺术眼界更上层楼。可以说，是一脉丹青，使两人情牵。

当年，在她的陪嫁物中，还有一件梅花题材的藏品——宋代的《汤叔雅梅花双爵图》。1921年，潘静淑30岁生日，父亲潘仲午送她的生日礼物，又是一件与梅花有关的宝贝——宋刻印版《梅花喜神谱》。这部《梅花喜神谱》的刊刻时间与潘静淑的出生年月相同，冥冥之中，潘静淑与这部宋刻孤本有着奇妙的缘分。这部集梅花文化之大成的木刻画谱，内收100幅墨梅图，画出蓓蕾、小蕊、大蕊、欲开、大开、烂漫、欲谢、就实等梅花开放过程中的八种情态，且一梅一诗，可谓梅谱至宝。这两件宝物的汇聚，才使“梅景书屋”得以产生。

潘静淑与吴湖帆自小就已结下三生情缘。现在，她款款走进吴家，舒展画卷，摩挲印章，从此与吴湖帆执子之手，与子偕老。

梅景书屋里的画事

吴湖帆在嵩山路88号有座花园住宅，名为“梅景书屋”，当年几乎成了海上画界同人的沙龙，每天前来学画、买画、求字、鉴赏的人络绎不绝。

吴湖帆绘有《梅景书屋图》。此作实景虚绘，以高山流水为背景，一栋屋宇立于山脚，女主人着一身红衣，与书屋男主人共语窗前。屋前屋后，皆有清幽高雅的梅花围绕着，宛若人间仙境。所谓神仙眷属之地，莫过于此。

1929年，历经岁华的潘静淑集吴梦窗词句，题《梅景书屋图》，写下《烛影摇红》一词：

葺屋营花，行云应在孤山畔，靓妆临水最相宜。春近江南岸，唤赏清华池馆。记留连，歌尘凝扇，裁水词笔，一幅闲情，铅香不断。

避影繁华，梅花重洗春风面，玉纤香动小帘钩。翠羽飞梁苑，共倚筼屏葱蒨。殢绿窗，星罗万卷，新诗细掏，卧笛长吟，洞箫低按。

一词读罢，感受到梅景书屋里的女主人，欲与夫君在此搜松访石、葺屋营花、远避红尘的那份心意。也许滚滚红尘中，世俗之人忙于名利之争，问句于疏香淡影者并无几人。而潘静淑不涉流俗，确属难能可贵。己巳春日，潘静淑的这幅楷书，细致描摹的是一段烛影摇红的夫妻深情。

吴湖帆画，潘静淑题。这样的作品还有好几幅。如两人合作的《赵管竹石合璧图》，恰似一高洁孤清之梅，一清幽淡雅之月。

《梅景书屋图》　吴湖帆绘、潘静淑题字

扇面绘画　潘静淑绘

她与吴湖帆两人夫妇好合，凤凰于飞，堪称一段佳话。世人不羡梁孟案，而慕翰墨风流者，宋有赵德甫、李易安，元有赵孟頫、管仲姬，近世则推吴湖帆、潘静淑。而有齐眉之誉的潘静淑学画，尤其值得一说。

据吴湖帆所记，潘静淑初次学画，数月后便辍作，又过了十几年，复学画竹，又即辍，直到1934年岁暮，获孙雪居的蔬果小卷，乃欢欣鼓舞地重理，一月而成册页。在1934年至1935年之间，潘静淑临摹孙雪居果实图册，十开，有小白菜、春笋、桃子、豌豆、荔枝、萝卜、紫姜、杨梅、毛栗子、紫茄子、绿茄子、银杏、葡萄、菱角……其作蕴含个人气质修养，设色清丽淡雅，流露秀逸之气，具出尘之致。

她学画，颇为勤奋，临摹有孙雪居的果实图，吴辛生的花卉册，恽南田的山水花卉册、群仙图、紫霞朱帐图，张子政的双鸳图、桃花山鸟图，王若水的双鸳图；写张玉田词意荷花，仿陆包山

扇面书法　吴湖帆书

梨花夜月图，仿赵昌荷花图；摹沈石田蜀葵图、墨菜图，马麐秋葵图，廖织云秋葵图；录佚名的长歌于沈周西山记游图卷，临明贤花卉图卷，临王酉室群英图稿本、群英图卷绝笔画“荷花一节”……

潘静淑于绘事而言，算是一位全才女子。画事里最值一提的是梅图。《梅景书屋画事》里也收有两人合绘的《双梅图》《疏影横斜》，潘静淑仿汤叔雅的梅花图卷，跋文俶的《墨梅图》，自绘的《红梅图》《梅花双爵图》。看那红梅怒放，白梅清雅，墨梅写意，无姿不妍，无色不媚。“梅景书屋”有了落实之处。

梅影三生，月华中人

可惜好景不长，潘静淑于48岁时去世。吴湖帆悲痛不已，整日处于恍惚之中，不能自已。

潘静淑的陪嫁礼物中，有一块清帝御赐潘氏先人的玉华砚，洁白如堆雪，温润若凝脂，夫妇俩视若珍宝，爱逾生命。1937年，七七事变爆发，这块玉华砚却突然不见了，潘静淑为之郁郁不乐了好长时间。可说来也奇，就在潘静淑去世后七天，这块玉华砚赫然出现。从消失到出现，算起来一共700天。吴湖帆想着是否为灵犀所通而然？于是，他将居室命名为“玉华仙馆”，还写有《玉京谣·玉华砚》一词。词作里有一句“香一炷，如愿返魂能否”，借玉华砚的复现追念亡妻。

春残人渺，归来冷落黄昏日，只堪独自对镜。因为潘静淑去世，作为生者的吴湖帆时而悲恸，时而清醒，睹物思人，难以释怀。为悼念亡妻，他频频作词，时时忆及静淑平时所作的画及词。

其中，他在孔小瑜所绘的《梅影三生图》上的题字，最为孤怀凄清，令人读来而生断肠离情：

> 欲写梅影书屋行，看图久矣，都成梦想。不得实景，偶拟此图，虽境界色空，非人间必无，为爱乞孔君小瑜写象而自图其景，倚月华隐约者先室潘静淑，与余并立于梅花深处者继妻顾抱真，远处小楼半角，意中梅景书屋是也，倩记。

谢玉岑在妻子钱素蕖去世之后，曾请友人为亡妻作诗绘画，以寄托哀思；吴湖帆亡妻之后，也遍邀友人为之题咏。《绿遍池塘草图咏》一书，由吕碧城从美国寄回，可知颇为珍贵。书中影印当时由吕碧城手书的《绿草词》一种于后。其中，陈小翠女史所题为：“裁

潘静淑画像　吴道邻绘

诗谢女秋衾单，仙梦踏空云背寒。蟾宫一别三千年，唾花满地啼痕干。池塘一尺伤心路，天风倩魂浩无主。斜门锈绿生坏苔，不见人踪但闻雨。”一手行书，写出了一代才女对潘静淑的闺情哀思。

潘静淑的小像，形神消瘦，嘴唇轻抿，穿一身紫色绣花中式上装，略带愁绪。女主人所愁为何，不得而知。或许梅景书屋里过于幸福快乐的日子，总是让人隐忧着未知的未来。

绿遍池塘草，潘静淑与吴湖帆的风雅佳话，传遍画界士林。可旧时月色，算几番照人？回望之际，潘静淑宛若一位月华中人。

旧梦江南

樊 诵 芬　旧梦里的曲人雅事

钱 素 蕖　菡 萏 香 消 江 南 事

沈　　寿　雪 宧 绘 事 自 有 情

杨 守 玉　人 淡 如 菊 刺 绣 情

一城秋雨豆花凉，闲倚平山望。不似年时鉴湖上，锦云香，采莲人语荷花荡。西风雁行，清溪渔唱，吹恨入沧浪。

——元人张可久《小桃红·寄鉴湖诸友》，樊诵芬题词

樊诵芬　旧梦里的曲人雅事

左手昆曲，右手书法

苏州自古乃繁华之地，风物清嘉，人文荟萃，时人吟曲作赋，实属平常。

这日，倚桥栏杆处，隐隐传来昆曲的吟唱："怕奏阳关曲，生寒渭水都。是江干桃叶凌波渡。汀洲草碧粘云渍。这河桥柳色迎风诉……"曲声和雅，原是女曲人樊诵芬在唱《紫钗记·折柳》一曲，曲调平和、从容，葆有一种宁静纡徐的风致，让人隐然陷入对古时光华的忆念。

正是乌丝朱唇的年纪，樊诵芬长相秀美，举止恬静，像戏文画片上的女子。她出身于书画世家，艺术对于她来说，就是锦上添花，让她的气质具有笔致不同而引人入胜的风调。

樊家是名门，樊诵芬可算是大家闺秀，生于1910年，为江苏崇明（今属上海市）人。父亲樊浩霖是一位国画家，喜绘江南景色，又擅长画云，曾与苏州吴湖帆、吴子深、吴待秋并称"吴门四杰"，张充和也十分欣赏他的国画。除了绘画，他还会唱昆曲，弹琵琶。

在他的熏陶下，樊诵芬与姐姐樊颖初、弟弟樊伯炎自幼就能

怡园雅集，左四为樊诵芬　1935 年

书善画，会吟诗弄曲。于是，与姐姐一起唱唱曲，与弟弟合绘一幅扇面，就成为樊诵芬闲暇时的活动。

她有一款书法扇面，就是与弟弟樊伯炎合作的。正面录的是文徵明的三首《落花诗》。其中一首为："开喜秾纤落更幽，树头何用胜溪头。有时细数坐来久，尽日贪看忘却愁。惹草萦沙风冉冉，伤心怅别水悠悠。不堪旧病仍中酒，疏雨浓烟锁画楼。"樊诵芬的小楷劲健挺拔、瘦劲精匀，如同她的唱曲，全无半点脂粉气。反面为弟弟樊伯炎的山水小景，一如其父画风，绘江南山水，有天真烂漫的情趣。姐弟搭档，笔精墨妙，气雅韵深。

后来，樊诵芬随父母移居苏州，依然学书画，习昆曲。当时，殷震贤与俞振飞并称曲界"双璧"，可谓昆曲名票。樊浩霖为了让女儿能学到殷派昆曲，经常特地坐火车送樊诵芬去上海，到昆曲名家殷震贤老师家里，学唱《拾画》《断桥》《玩笺》等小生曲。在老师的指导下，樊诵芬专长于小生，她的唱曲曾被北京音乐研究所保存，水平非一般票友所及。

旧时吴中，风雅之地。樊诵芬青春当年，又爱好艺术，即与姐姐樊颖初，还有女画家贝聿珺、彭萃英、殷绥贞、朱青薇等人，一起参加了“东方美术会”，会址设在怡园。于是，她与女画家们经常在怡园一带流连，“今日归来如昨梦，自锄明月种梅花”。在画社主办者吴辟疆、顾荣木的召集下，雅集人数达20余人，时顾鹤逸、吴湖帆也被聘为名誉会员。小小怡园画社，多少才俊竞风流。

樊诵芬与那些流行时尚的女性相比，后者虽能红极一时，却终究是过眼云烟；而她虽光华内敛，却能智性尔雅，花开不败。

为张充和题词

闲寂无聊之时，最快慰之事乃是邂逅赏心悦目之书画曲艺。淡金的初秋午后，在威海路的静安书友汇店翻阅《曲人鸿爪》，孙康宜笔录的曲人本事，再现了当年曲人雅集时的场景。

书页翻折处，有苏州女曲家樊诵芬的幽微事迹，传薪文化，得断清芬，斯人有情致。樊诵芬比张充和大三岁，两人都是苏州幔亭曲社的重要成员。后因战事，苏州曲事不免渐有凋零之姿。作为一位有着文化关怀的曲家，张充和热心而执着，抗战期间，她在重庆重新召集曲人集会，使尺水曲事顿然兴波。

1946年秋天，当樊诵芬和父亲樊浩霖见到张充和时，张充和热心地将自己的《曲人鸿爪》递给樊诵芬。她接过一看，这是一本咖啡色硬皮的小册页，巴掌大的尺幅，内里却乾坤浩荡。册页中有曲友们的不少题签，既有曲学大师吴梅的题字，也有翻译家王季烈的亲笔题赠，还有杨荫浏、唐兰等名家的手迹，那些诗词、书法题咏和山水花鸟的水墨小品，隐隐有时光痕迹，可谓精美绝伦。一时之间，樊诵芬竟爱不释手。

她翻到首页，看到吴梅先生的题字：

展生绡，艺林人在。指烟岚，画本天开。重摹梅道人，依旧娄东派。是先生自写胸怀。二老茅亭话劫灰，只满目云山未改。

因熟悉曲事，她知道这是吴梅先生的自度曲《北双调·沉醉东风》，原是为题清代画家王蓬心的山水小幅而作，称赞他的作品有文人画意境。

又读到杨荫浏的题字，这是元代作家乔吉的一支散曲。她听说抗战期间，杨先生与张充和一起到昆明，后来又一同到重庆北碚做事，因都在礼乐馆，故在音乐方面一直合作密切。每逢曲会，杨先生常为充和吹笛伴奏，两人还经常在一起研究曲谱。还读到唐兰抄录的一曲《寄生草》，曲句朴真，却让她能细细体味张充和与唐兰一同唱曲时的处处幽微妙致。

于是，她也拿起笔，墨笔写册页，欣然在张充和的《曲人鸿

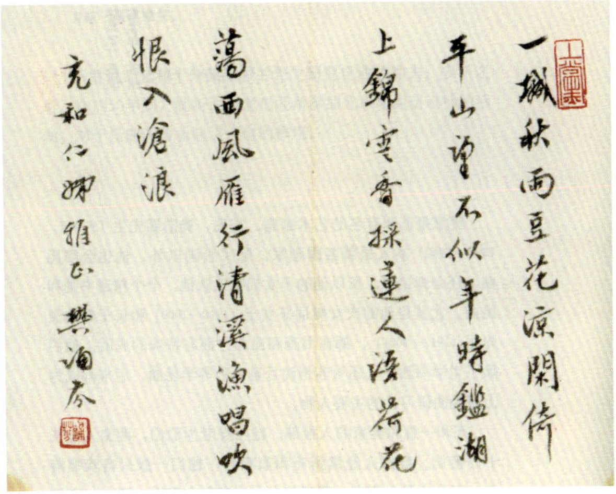

樊诵芬在张充和《曲人鸿爪》中的题词

爪》书画册中题词：

一城秋雨豆花凉，闲倚平山望。不似年时鉴湖上，锦云香，采莲人语荷花荡。西风雁行，清溪渔唱，吹恨入沧浪。

这是元代散曲家张可久创作的《小桃红》一曲，是写给绍兴鉴湖诸友人的感怀之作。曲人登上平山堂，望见秋雨豆花开之景，念及昔日与友人欢聚之乐，心内不免凄楚感伤。

饱受离乱之苦的曲人笔下自然也怀有浓郁悲情。张充和看后，特别欣赏末尾的一句“吹恨入沧浪”，说它令人联想到古乐府的

《西洲曲》:“南风知我意,吹梦到西洲。”再看樊诵芬的书法,气骨内敛,灵动不滞,可见她的文人才艺与清雅,与张可久的曲子有异曲同工之妙,张充和对此自然印象不俗。

曾经的曲人本事,丰厚美雅,如星星点点的回忆,记录了一个时代的文人精神轨迹。其中有关闺秀曲人樊诵芬的记载,虽属点滴,却也丰满了那曾有的斯文一脉。

女子画会,雅致旧梦

上海东体育会路,清雅的庞宅里不时传出一阵阵年轻女子的笑声,为女子书画会活动增添了几许清兴。

20世纪30年代,自中国女子书画会成立后,女画家们兴致盎然,办画展,行雅集。因女画家庞左玉是女子书画会一员,大家就常常聚在庞左玉父亲庞奉之的宅中,举办女子书画会活动,成就赏心画事。

来参加雅集的女画家个个实力都不弱。陈小翠、周炼霞、冯文凤、庞左玉、吴青霞等人,时而书法,时而绘画,向大家展示不俗才情。樊诵芬也穿梭其中,与旧雨新知共聊画事,是会员中的活跃分子。

而且,不论是青绿山水还是浅绛山水,樊诵芬都能拿得出手。有一日,樊诵芬带来一幅山水小景作品,引得大家都来欣赏:远山淡霭,一抹春烟,尤显清新妍丽,特别是近处的丛丛细竹,与远处山体的弧度互相映衬,清润华滋,摇曳婆娑,让人不由想起唐人的绝句来。其笔精墨妙，意境清嘉，大家见了都赞不绝口。

梅花香自苦寒来。在山水画方面，樊诵芬可是下过一番苦功的。她自崇明女子师范学校毕业后，就在父亲的指导下工于绘事。她着意于山水画，通过勤奋临摹古代名家，来领会清代“四王”的笔墨妙处，后来，又力追元代黄公望、王蒙，明代沈周、唐寅、仇英、董其昌等名家，得其神韵，皴笔细密清劲，流畅娟秀，画作秀爽清润，富于雅逸韵味。而且，她爱好旅游，常常在实地写生中，化古人笔墨，形成明秀温润的画风。所以，当她展示新作，自然会得到众人激赏。

隔窗细雨有谁听，雅集往事成片断。半个多世纪过去了，樊诵芬已年至耄耋，当年的女画家早已春鸿绝影，芳讯稀通。她平日也只以绘画作乐。81岁高龄时，她还携带一批画作到美国访问亲朋好友。20世纪90年代末，有一日，她在上海家里接待了一位北京来的学者——陶咏白女士。看到陶咏白拿出一张中国女子书画会的相片，她感慨万分，往昔盛景如在眼前。当时只局限于一隅的画会活动，一群爱好绘画的闺秀才女，会聚一处，谈天论地，后来，竟发展至代表当时女性文化的一个角落，可树时代新声，可成千秋慧业，这是她没有想到的。对于陶咏白的询问，她不仅热切地一一指出了相片中那些女画家的名字，还向陶咏白讲述起当年书画会的情况……

那时的雅集，有说不完的故事，谈不尽的景象。时光远去，斯人虽逝，但她经历过的旧事，始终是让后人惦念不忘的景致。

正月梅花少同气，三春莺语称新诗。

枇杷黄熟堪当饭，花草鲜红惯折枝。

——钱素蕖

密语殷勤到夜阑，芙蓉颜色怯春寒。

十年辛苦相思句，赢得云屏剪烛看。

——谢玉岑

| 钱素蕖　菡萏香消江南事 |

书香世家的百年好合

钱素蕖与谢玉岑的江南故事，苍凉悲怆，凄美动人，让人听后遥想其风姿遗韵，颇值一记。

1919年的12月，雪花轻飘，寒气清冽。常州谢宅喜气盈盈，除了亲朋好友，当地的乡绅名士也纷纷前来道贺，恭祝一对才子佳人喜结连理。新郎是21岁的谢玉岑，新娘是他的表妹——20岁的钱素蕖。一个是俊朗丰仪、玉树临风，一个是冰雪聪明、风华正茂，可谓是郎才女貌、佳偶天成。两人拜堂过后，就开始了热热闹闹的宴请。主桌上燃着的一对龙凤喜烛照亮着这对新人。可是，一阵寒风吹来，代表新娘的一支凤烛熄灭了。谢玉岑看到后，不慌不忙，站了起来，走到代表新郎的那支龙烛旁，吹灭了这支尚滴着烛泪的龙烛。

夫妻生死相随，荣辱与共。这份情意，没有比谢玉岑表达得更为沉稳和坚定的了。于是，一对鸳鸯似的璧人夫唱妇随，心似阳春三月，江南谢钱世家的历史画卷也缓缓展开了。

常州谢钱两家一向姻缘美好，除钱素蕖嫁谢玉岑，还有谢玉岑的大妹谢汝眉适钱名山侄子钱炜卿，三妹谢介眉适钱名山长子钱

左　钱素蕖
右　谢玉岑

小山，谢钱两家荣枯相系，成为江南学者关注的一个话题。其中既有江南以婚姻为纽带的文化内涵，也象征着中国文化的传承不是孤立的，可以说涵盖着文化传承的多层关系。

谢玉岑是当年赫赫有名的“江南才子”，其诗、词、书、画等艺，无一不精，尤擅长作词，被文艺界誉为“江南词人”。他与著名的国画大师张大千尤为交好，二人的关系“乃过于骨肉生死之间”。他与张善孖、郑午昌、王师子、陆丹林、汤定之、郑逸梅、符铁年、谢公展等俊彦名士互相往来，把臂同游，这些熠熠生辉的名字串联起来，几乎是一部中国近代的文化史。

就谢玉岑的性情来说，他是一位痴情种子，情比金坚，他与表妹钱素蕖自幼青梅竹马，对这段金玉良缘，自然是寄寓了百年好合的期待。

夫唱妇随，伉俪情深

钱素蕖，名亮远，乃江南名儒钱名山的长女，钱名山爱之如掌上明珠。“素”为白，“蕖”为荷，“素蕖”寓意着洁白美好、清雅温润。原来在她出生之时，钱家庭院中有洁白的莲花盛开，祖父向杲公见了，极为高兴，因景赋情，为之取名亮远，字素蕖，寓清雅于诗境之中。钱素蕖是一位聪颖好学、古典雅致的明媚女子，深受父亲学识和书法的熏陶。她饱读诗书，又写得一手好字，能作魏碑汉隶，又熟诵《诗经》及《资治通鉴》，为人温良贤淑，恭敬有礼，为亲朋好友所称赞。

自成婚后，谢玉岑为自己封一雅号，叫“白菡萏室主”，别有韵致，是夫人名“素蕖”的缘故。另作有《白菡萏香室词》。“菡萏”亦为荷花，他已将自己当成了妻子的护花使者。

谢玉岑与夫人伉俪情深，他曾于新婚之夜作《密语》一诗：

密语殷勤到夜阑，芙蓉颜色怯春寒。
十年辛苦相思句，赢得云屏剪烛看。

可见，画眉之乐是可以传染的。一对璧人，有殷勤密语，有剪烛之乐。

玉岑、素蕖夫妇的共同爱好是插花。素蕖最喜欢的是花之君子兰花，兰之幽香，兰之雅正，兰之素清，兰之馨洁，使她陶醉，使她流连。《广群芳谱》（清代汪灏等著）中说：“兰幽香清远，馥郁袭衣，弥旬不歇……故江南以兰为‘香祖’，又云兰无偶，称为‘第一香’。”兰的氤氲无所、淡而幽远使素蕖颇为心怡。素蕖养兰颇有心得，尤其是对幽兰的剪裁。她喜欢的兰花，必须要有中国古典女子般的素雅，要有心平气静的悠然而放，只有这样茎细瓣白的兰，方可得素蕖的垂青。有一回，养得好好的一株兰花，原本花叶俱香，凝若胭脂，却不知何种原因枯萎了。多愁善感的素蕖见兰花凋零，心境黯然，感伤了好长一段时间，以致玉岑再也不肯在家中养植幽兰。

谢玉岑插花并不着意于花色的品种，而是讲究插花的意境。在

左　张大千为谢玉岑作《天长地久图》　1932 年
右　张大千为谢玉岑作《荷》　1939 年

他看来，居室内只随意摆上三五种花色，有时也可能比那刻意堆砌的一百枝花要美。他还认为，花的美丽多半在于欲放未放的幽静时刻。对于玉岑的想法，素蕖总是积极的支持者。夫妻情深又相知，最是难得。

有一次，谢玉岑生病在床，张大千特意从上海来探望。为了迎接这位好友，素蕖特意从家中寻到一个藏青色景德镇花瓶，古色古香，谢玉岑见了，十分喜欢，就让素蕖采摘来数枝白山茶花，插在花瓶中。虽然白山茶花只三五枝，但屋里一下子清雅了许多。张大千见那白山茶花瓣上，还有濡湿的水珠，更是拍手叫好。为了表达心意，他于是自告奋勇，亲自为玉岑和素蕖二人调制了一种饮品，名为桃浆。素蕖一品之下，异常清醇爽口，如饮着了甘露一般，不免问大千是如何制成。大千告诉她：原料是夭桃之膏，色如琥珀，味如银耳，和着橘瓢一起煮，才能制成如此美味的桃浆。当时，素蕖满心欢喜地看着玉岑与大千二人，栩栩然有庄生化身为蝴蝶的幽乐。

江南词客悼亡妻

1932年2月，江南天寒雾重，时有雨雪霏霏。钱素蕖所在的房间，小巧且精致，透过窗户，可以看到后房的花园。

无论春夏，那里都可以望见繁花美景，感觉到季节的流光之美。以前，她忙完一天的活后，最爱在这里静静地待着，看看古书，做做针线活，还惦记着给玉岑夫婿写信。可是现在，她却静静地躺在床榻上，面色如纸，双手冰凉。她刚产下一个女儿，可是生产过程很不顺利，身体特别虚弱，她难以说出话来。

她望了望窗外，希望能得到夫婿的一点消息。可是家人告诉她，上个月，因为日军在上海挑起“一·二八”事变，交通一片混乱，谢玉岑为此羁绊在沪，一时间不能赶回来。因为战火纷飞，两地消息也不通畅，所以他还不知道这边的情形。钱素蕖听后，自然不想让夫婿太过担忧，只叮嘱家人，不要急着让谢玉岑回来。说完，她即沉沉睡去。

可颇为不幸的是，她产下的女婴不久即夭折，钱素蕖深受打击，缠绵病榻。谢玉岑的妹妹见了，连发数封急电，催促困于孤岛上海的兄长归家。谢玉岑自然是归心似箭，颇费了一番周折，于3月5日走水路绕道回了常州。

可惜的是，钱素蕖已经病入膏肓，只留下短短的遗言，就溘然长逝了。

正所谓慧极必伤、情深不寿，钱素蕖自嫁了谢玉岑之后，“分明翠墨银钩手，换了寒灯盐米”，再加上生育儿女，感伤离别，忧虑疾病，事事亲为，事事操心，终不免亡精销魂，损耗天年。兰心蕙质的素蕖原该悠然绽放，却先于谢玉岑去世了。

诗人柳亚子撰有钱素蕖谢夫人挽联，写得情深意切，将钱素蕖的才情与谢玉岑的文采融了进去：“夙慧闺帏，早遣蔡邕传妙笔；能文夫婿，固应潘岳作重台。”此联所言不虚。钱素蕖本为江南才女，尤擅书法。一开始，她练的是柳体、颜体的书法，与父亲写的很像；后来为承其外祖父费久大笔法，于是改习《郑羲碑》。

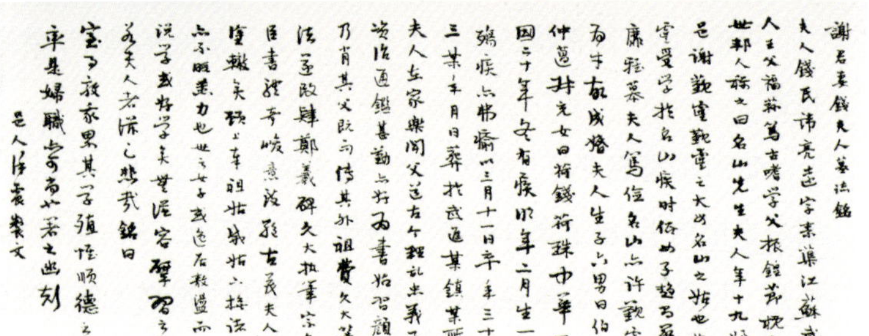

上　谭泽闿题引首“天长地久”
中　郑午昌为谢玉岑作《天长地久图》
下　徐震制文《谢君妻钱夫人墓志铭》

外祖父师宗包世臣，书体奇峻，意致古茂，钱素蕖可以说深得其中的奥妙。只可惜素渠为家事操累，为儿女忧心，疏于笔砚的研习，否则以她的才气，于书法艺术上颇可精进。她实可一吐闺中气，成为一名书法家的。

至善至美的钱素蕖就像兰草一样，散发着清幽的馨香。谢玉岑在如此美妻逝去后，自然感悼尤深，发誓不再续娶他人了。从此，自誓不再存家室之思的谢玉岑自署为“孤鸾”，“白菡萏香室主”也就此改为“孤鸾室主”。情到浓时即是词，他创作了大量怀念钱素蕖的作品，字字句句浸满泪水和深情，他的孤鸾词也因此而诞生。

为了寄托失侣的绵绵长恨，谢玉岑请张大千画有一百幅白荷花以悼念妻子，将其悬挂在钱素蕖的灵前，并请名篆刻家方介堪刻一方石章“孤鸾室发愿供养大千居士百荷”以作纪念。其中有一幅巨型《五色荷花图》，是用金粉在各色花朵上勾画出金丝与金蕊，绚烂夺目，风神绝世。张大千的荷花虽然见得多，但寄予这般哀思的作品却是难得。

由于忧思深重，1935年，就在钱素蕖去世后三年，谢玉岑交织着诗画华彩的生命也走到了尽头，年仅36岁。

江南女子钱素蕖之早逝，给人留下无尽的叹惋，但她的人生轨迹却让人可以触摸到一个美好的灵魂。更令人感慨的是，似谢玉岑、钱素蕖这等可爱可敬的才子佳人，他们情比金坚的婚姻爱情，如今已很难寻觅。

晓风开户送春色，垂柳千条万条直。镜中落发常满梳，自怜长不上三尺。垂柳生柔荑，高高复低低。本心自有主，不随风东西。

——沈寿《垂柳》

沈寿　雪宧绘事自有情

吴县绣女沈寿

在一扇敞开的雕花长窗下，放置着一尊绣花绷架，绷上一幅绣花缎子，花样早已描好，是《八仙上寿图》，一只寿桃已经绣了两笔。案桌前的寿桃与缎面上的寿桃似乎聚合起来，在沈云芝眼前迭现。她抬头看了看，拿起针，又绣下了一针。

1904年，是慈禧太后的七十大寿，皇宫内张灯结彩，百官朝贺。为博得老佛爷的欢心，很多官员想尽一切办法来张罗礼品。

吴县有位名叫余觉的人，利用这次机会，进贡了妻子沈云芝的几幅寿屏。余觉参考家藏古画，在绸缎上勾勒出底稿，然后由沈云芝与一帮吴中绣女精心绣制而成。心手即霓裳，沈云芝原就是刺绣能手，为了完成这些绣品，她倾注了自己平生所学与心血。当作品完成之际，余觉也赞叹不已。为了让这份贺礼能如愿送到慈禧太后面前，他想尽了办法，最后由在京供职的同窗好友将绣屏转交商部尚书载振，再由载振转呈慈禧。

慈禧见过的贺寿礼物多不胜数，可她还是被眼前的一幅绣屏吸引了。这幅名为《八仙上寿图》的通景绣屏，绣作精致又细腻，画面

沈寿

不仅光彩绚丽，而且清白秀美，艺术上可谓臻于妙境。绣屏中的八仙栩栩如生，眉眼生动；所用针法多样，色彩搭配也极为和谐。慈禧见到后，大为惊叹这“十指下的春风”，赞其为“绝世神品”。她得知这幅绣屏是吴县进贡，随即下懿旨嘉奖，用丹砂底、金云龙纹的丝绢纸，御书大大的“福”“寿”二字给余觉、沈云芝夫妇。

于是，原先叫“云芝”的这位才女，从此改名为“沈寿”。后来，沈寿在绣幅上常绣两方印：“吴县天香阁女士沈寿”“姓名长在御屏风”。

吴县名家沈寿，是绣在苏州这方水土上的一叶兰草，逸笔草草，形神俱备。沈寿原名雪芝，字雪君，号雪宧，别号天香阁主人。她生于景色如画的苏州，父亲是一位富庶的古董商人，家藏有丰富的文物字画，给予她深厚的艺术熏陶。她所生活的年代，是苏州“闺阁绣”极为风行的时期。当时，苏州有“闺阁家家架绣绷，妇姑人人巧习针”的盛况。沈寿八岁开始与姐姐同绷习绣，心灵手巧、悟性极高。十二岁绣事渐精，十六七岁，即以绣艺闻名乡里，成为绣艺精湛的闺阁名手。大学者俞樾在她的绣品上题下“针神”二字。宫内常派专人到苏州购办丝织绣品，剔选甚精，许多人家的绣品都被淘汰了，唯独沈家母女的绣品备受青睐。

1893年，美丽而多才的沈寿嫁给了当地举人余觉，由于丈夫能诗善画，夫妻俩一个以笔代针，一个以针代笔，画绣相辅，相得益彰。天长日久，沈寿绣技遂压群芳，声誉鹊起。26岁时沈寿移居上海，绣名闻于沪上。于是，这才有了“福寿颁翰”的一段佳话。

“世界第一美术家”

沈寿的时代，西风东渐，中西文化有所交流。1905年，她被派遣出国，成为我国第一个到日本考察刺绣教育的女艺术家，这次访日，使她大开艺术视野。

在东瀛之行中，她的细腻让她敏锐地发现了西洋画和摄影技术对明暗光线的处理特点，不似传统苏绣中的平板、呆滞；她悉心钻研，反复琢磨，终于领悟了仿真绣的光影原理。沈寿在传统“画绣”和“闺阁绣”的基础上，糅进西洋摄影与绘画技法表现光影效果，首创了“仿真绣”这一新的绣种，将苏绣艺术升华到一个新的高度，被赞誉“能惰象物之真，能辨阴阳之妙”。

沈寿还为意大利皇后绣制过一幅画像，在当时颇有影响。当时的意后贞淑娴静，又叫黑山公主，被称为世界四大美人之一。在相片中，她披着细亮披肩，外罩白色纱衣，胸前悬挂勋章，颇难描绘。沈寿潜心刺绣半年，绣像终成，经慈禧过目后，很快作为国礼，被送到意大利宫室。意大利皇后雅好修饰，许多著名画家曾为她画像，都未能合她心意，见到沈寿的作品后，她爱不释手，心满意足。沈寿所绣意后像，神态端庄娴雅，雍容华贵。她将绣像的面部浅深分七色，使眼睛深邃迷人，特别有精神，肩章彩饰、胸前锦佩、腰间宝带与飘裙竟与相片无二。意后欣喜之余，为表谢意，她亲自致函慈禧，赞誉沈寿为“世界第一美术家”，并谓东方女子能创造出这样的奇迹，可驾他国之上。意后还以她平日佩用的钻石首饰、五色钻镶的宝星手表和20万意币酬谢沈寿，并在金表上

《耶稣像》 沈寿绣

《女优倍克像》　沈寿绣

贴上皇家徽号，以示格外珍重之意。沈寿因此像获得1910年召开的南洋劝业会一等奖；1911年此像又在意大利都灵国际博览会上获得最高奖。

1915年，沈寿携绣作《耶稣像》到美国旧金山参加展览。这幅作品创造性地运用旋转丝理，将人物表现得形神兼备，惟妙惟肖，获得巴拿马太平洋万国博览会一等奖。她的绣作还有《女优倍克像》《蛤蜊图》等，让中国的针绣艺术大放异彩。

《雪宧绣谱》绘情缘

"金线银针绣乾坤，国色天香巾帼梦。"这是我国近代著名实业家张謇对沈寿一生的誉评。"淡薄轻阴拾翠天"，在江苏南通张謇的故居中，初知沈寿与张謇的一段绣缘。飘在街巷坊间的种种陈年绘事，皆是活色生香的人间话本，好听，也好看。

张謇故居陈列着一幅精美绝伦的艺术绣品：画面上风沙滚滚，城堞逶迤，终年积雪的长白山遥遥在望；在茫茫的旷野中，孤独的牧羊人凝视着低头吃草的羊群……这幅给人以特有的古朴、苍茫之感的《塞外牧羊图》，就是刺绣艺术家沈寿女士的遗作。

两人之情在可解不可解之间。张謇是中国近代史上首屈一指的实业家，可算是清末民初的政治风云人物。他办的大生纱厂是我国最早的一家规模较大的纺织厂。张謇与沈寿初识于南洋劝业会，张謇曾在《雪宧绣谱》序中说："謇长审查，而部以绣工科总教习吴县女士沈寿专审查绣品。”两人是上下级关系，但真正使他们相交相识至深的则是一幅绣品。

当时有一幅顾绣董其昌书法大屏需要鉴定。顾绣是明代上海露香园顾名世家的女眷所绣作品，很有名望。张謇听说沈寿的绣艺高人一筹，特地请她来鉴定真假。绣品刚展开，沈寿即断定为真品，问其何以断定，她说：“一看针法，便不难辨出。”张謇爱其才识，决定于南通女子师范学校设绣工科，即女红传习所，请沈寿来主持。

在昔日的格子长窗下，是沈寿的墨香绣美；而在绣堂的深处，闪现着女学生安静的身影。沈寿“授绣八年，勤诲无倦”（张謇语），为南通培养绣女150多人。在教学中，她主张“外师造化”，培养学生仔细观察事物的能力，如绣花卉，她就摘一朵鲜花插在绷架上，一面看一面绣；绣人物，她则要求把人的眼睛绣活，绣出人的精神，在其精心教育下，一批刺绣人才脱颖而出。南通的绣品也逐步形成了“细”“薄”“匀”“净”的风格，在国内外打开了销路，且以“沈绣”命名。

沈寿后又将其毕生心血集结成书，名曰《雪宧绣谱》，从书中可见“苏绣皇后”的匠心、耐心、初心。沈寿授绣八年，勤诲无倦；张謇记录整理，默契配合。这才成就了一部内容详备、语言典丽的刺绣工艺名著。

沈寿晚年定居南通。在南通濠河北岸的柳荫深处，有一座经历百余年风雨洗礼的两层红楼，粉墙花窗，庭院清幽，那就是著名的沈寿艺术馆。漫步其间，“撷霞归绢画，留梦入丝心”。沈寿与范仲淹、沈德潜、冯桂芬同为木渎历史名人，她既有江南女子的婉约，也有开拓者的豪迈，其红尘人生令人感佩。

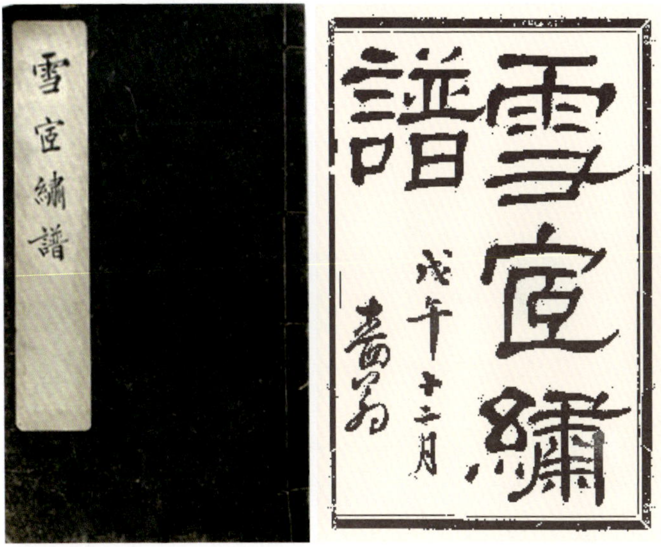

《雪宧绣谱》书影　沈寿著

一室向明贮文史，锦绣山河伴我生。

——杨守玉

杨守玉　人淡如菊刺绣情

正则女校正则绣

民国初期的丹阳正则女校，绿树葱郁，红花盛开，丝竹悠扬，远处还有清唱京剧的声音传来。刺绣科主任杨守玉戴一副圆框眼镜，穿一身蓝布短袖旗袍，眉清目秀，短发齐耳，正低头翻看老师吕凤子的西洋画册。

这是吕凤子从外地搜集来的。1921年，吕凤子应刘海粟之邀，担任上海美术专科学校教授，经常往来于上海、苏州之间。他的得意门生杨守玉很喜欢那些素描图册。

她感觉那些线条正如一根根的丝线，那能否以针代笔，在布上绣出素描的感觉呢？但素描的用笔灵动、自由，线条的长短、粗细都不同，而传统的刺绣要求顺、齐、平、匀、洁，两者标准不同，没有任何前例可以参考。杨守玉缓缓合上画册，表面看似平静，心里却已是波澜起伏。她把教学以外的时间全都用在了创作上，几个月后，她终于成功，绣史上第一幅乱针绣作品《老人像》诞生了，近看老人的面容有些模糊，但远看时老人竟然如此鲜活，针脚繁密，层层交叠，这种效果在传统绣品里从未有过。

杨守玉绣像　任嘒閒绣

《老人像》是素描稿，基本不着色。她想用新绣法来尝试一下色彩的表现力，这回她绣的作品是《泰山黑龙潭》，一幅风景油画。这对于一直崇尚纯色的刺绣来说是一个巨大的挑战，用丝线来表达色彩和光影的变化，同时还要有层次感和透视感，这几乎是不可能的，但杨守玉成功了。

这天，吕凤子从上海风尘仆仆地归来，杨守玉一见到他，立即把自己的新绣品拿给他看。吕凤子一见，立刻惊呼道："这是神技啊！"杨守玉新绣的作品，一改传统的平面绣品，让绣品变得立体起来，其色彩、光影毫不逊色于油画的表现力。

1930年10月，正则学校举办美术展览，一楼展出师生绘画作品，二楼展出刺绣作品，其中展出杨守玉用乱针绣法绣成的《凤先生像》《女体与鹅》《老人像》《女孩》《木排》《匡庐短瀑》6帧绣品，皆形态传神，栩栩如生；针技新颖，与一般绣法完全两样。展览立刻引起轰动，前来观赏者络绎不绝。

吕凤子说："干脆这个叫'杨绣'，如何？"可杨守玉坚决不同意。无奈之下，吕凤子便将其命名为"正则绣"。

"正则绣"其实是"乱针绣"的别称。它的针法虽为传统针法之一，可是一改以往"密接其针，排比其线"的平面绣方法，但又乱而不杂，密而不堆，将千种技法运用于不同的表现形式，从而产生强烈的立体感，使画面呼之欲出，颇有西洋油画的效果。

而"乱针绣"的创始人杨守玉，也就此走上了"乱针绣"精进之路。杨守玉，1896年生于常州，乳名祥名，学名杨韫，字瘦玉、瘦冰，后改名守玉，字冰若。她出身于常州“四知堂”杨家。清廉、正义、执着的家风代代相传。从八岁起，家里请了史良的父亲史聘三先生教她读《史记》《左传》《战国策》等国学名著，为她以后成长为一代才女，奠定了文化基础。

14岁那年，杨守玉闲暇无事翻阅《芥子园画谱》，里面有一幅《八哥图》吸引了她。她便自己描稿，创意配色，把黑色八哥绣成五彩八哥，生动活泼，深得亲戚的钦佩。小小的成功，使她迷上刺绣，从此与刺绣结下了不解之缘。

用“乱针绣”声援表哥

前后两次去常州，才知道杨守玉与刘海粟有一段悲欢离合的故事。

杨守玉的母亲刘氏是刘海粟的姑母。刘海粟与杨守玉同年，只是年长几个月。两人可谓是青梅竹马，两小无猜。因刘海粟排行老九，所以杨守玉称他为九哥。

两人均喜绘画。杨守玉爱慕九哥的聪明和才华，刘海粟也喜欢表妹的秀气和灵气。原本两人姻缘天定，会共结良缘，却因八字相克，被迫分开。

后来，刘海粟为了逃婚跑去上海，从此，一对青梅竹马的表兄妹分道而行。杨守玉虽与刘海粟不通音信，但很关注报纸上有关表哥的消息。

刘海粟在上海美专破天荒地开设人体模特儿写生课，并展览

《人淡如菊——杨守玉传》书影　钱月航著

刺绣作品　杨守玉绣

了部分人体习作素描，一时舆论哗然。刘海粟因此受到谩骂和围攻，并被斥为“艺术叛徒”“教育界的蟊贼”。

杨守玉知道后，彻夜不眠。第二天，她开始埋头刺绣……当作品绣完后，大家看到的是一幅《出浴》：一个少女的裸体，丰腴、健康、优美，洋溢着浓郁的西洋风味。她是用乱针绣来绣的。纵横交错、长短不一、疏密重叠、灵活多变的针法，赋予针线以笔墨油彩的表现力，使作品产生西洋油画的光色透视效果。

绣完《出浴》，杨守玉又接着绣《美女与鹅》。作品完成后，大家从远处看这幅绣品：一片森林景色幽深，一位体态婀娜多姿的少女亭亭玉立，旁边有一只通体雪白的鹅，两相对照，烘托出少女的纯洁与青春。整幅绣面和谐统一，浑然一体。仔细赏看，美女披着一头松柔的长发，肤色细腻，脖颈光洁，用丰富多彩、纵横线色的乱针绣来表现，显得深深浅浅，颇具质感，重重叠叠，富于神韵。

杨守玉所绣的裸体作品，在中国刺绣中首开先河，她是在用这种方式表达“人体美，为美中至美”的观点，以表对九哥的声援。

杨守玉的玉壶冰心使刘海粟感动，他虽无缘与表妹一起生活，但是心里一直惦记着她。刘海粟对她的乱针绣推崇备至，曾经写信给郭沫若介绍说：“兹有常州杨韫女士，早岁学绣画，能以画法渗入刺绣，首创绣法数种：如浮绣能使图像有立体感；如叠圆绣即机针绣，画意盎然；如结子绣有绘画点染光暗之妙；如正则绣系用乱针绣，以针代笔，以色丝为丹青，使绘画与绣工融会一体，自成品格。”

以针代笔，以色丝为丹青，的确让人生出一种新奇感。再看那乱针绣传达出的光与影的微妙细腻感受，尤能体会到杨守玉对表哥欣赏敬慕的情愫。

古典才女的凄艳人生

晚年的杨守玉人淡如菊，身形瘦削，一件深色的旗袍，一副黑边的眼镜，梳着偏分的短发，走路慢慢的，说话细细轻轻的，温柔娴雅的体态，极像古画中的女史。

当年，杨守玉因“八字相克”，被迫与表哥刘海粟分手，刘海粟出走上海，杨守玉改瘦玉为“守玉”，以表心迹，绝谈婚嫁，倾一生从少女到老妪的全部爱和恨于乱针绣之中。乱针绣从一开始就注定了它的不平凡。

杨守玉晚年时，刘海粟曾来见她，她那年轻时的闺中情结，仍然不变。江南才女钱月航的《人淡如菊——杨守玉传》中是这样描述杨守玉当时的心理变化的：

> 九哥要回来了！当侄孙女杨欢天、嗣孙女杨春天把这个喜讯告诉杨守玉时，她正安静地坐在堂屋的椅子里沉思，这时候，她像被针刺了一样浑身抖动了一下，沉默了几分钟，她身子颤抖，仍然没有力气站起来……听说这天下午九哥要到家里拜访，杨守玉早早地坐在堂屋里等候。这时，听到外面人声渐近，杨守玉突然从椅子里站起来，腿脚抖得厉害，迈不开步子。“吱扭”一声，

海老用颤抖的手推开了杨家花园的院门，可是，迎接他的不是70年未见的表妹杨守玉，刘海粟不觉一愣，但很快就咧着宽厚的嘴唇，与迎上前来的杨守玉的侄孙女们一一握手招呼。

“守得玉壶存知音”，杨守玉拒绝与刘海粟见面，却让自己更加心神不宁，深陷自责。第二天，她终于答应去见刘海粟，当等候多时的刘海粟迎上来，亲热地招呼她“表妹”时，她神情似梦游般地站在那里，半天，才从颤动的双唇间轻轻吐出两个字“九哥”。刘海粟伸手与杨守玉相握：“几十年不见面了，时间过得真快啊!”刘海粟声如洪钟，杨守玉轻声回应：“我们都老了！”

这个故事，我曾在常州刺绣馆，听杨守玉的家乡人说过，有一种幽奇深藏其间。现在重读传记，在书本与人的合力叙述之下，杨守玉的故事亦如乱针绣，设色繁复，品质温静。

杨守玉之于乱针绣，实是一个绝唱。杨守玉被作家称为“江南最后一位古典才女”，在我看来，她身上蕴藏着大家闺秀的气质，又衬有江南遗韵，淡然如菊。乱针绣的名字，慢慢品来，也有意味，是速写一份纷乱的心境，隐喻有杨守玉个人的遭际。

后记　旧痕新影话闺秀

江南三月，杂花生树，群莺乱飞。沉浸式的写作，令我深深体味到人生的简洁与厚重。让人感慨的是，十多年前，有一段时间，我烦琐的编辑时光里，充满旧时风味，也是属于编书的况味。

当时，我所在的出版社想做一套选题，是有关旧时闺秀方面的。也许是时代风气使然，现代社会的节奏日益加快，人的内心却不可避免地浮躁了起来。所以，吸引人转而关注过去的闺秀，关注她们曾有的端庄文雅、诗闺礼仪。而关于女性研究方面，南通大学的陈学勇教授和陈子善的学生王羽博士，在这一领域颇为擅长，于是，便策划了一套“伊人丛书”，有学术论文集，有传记，有小说选编等，旨在展示当时闺秀作家多姿多彩的人生。

一套书编完，那时的女性影痕，便淡淡上了心头。在编辑这些闺秀作家作品的过程中，有时会翻阅一些资料，偶然瞥见旧时闺秀的情绪种种，心里有种莫名感动。记得在那些单调沉闷的琐事里，还会有闺秀作家的家属找到编辑部，谈及这些大家闺秀后来的人生经历。日积月累，不免会有些感想，于是涉笔成文，也借此纪念那段编书时光。说来也巧，有一篇名为《闺秀笔记》的文章，发表在《苏州杂志》上。北京一位篆刻家在冷摊上购得这本杂志，读到这篇文章，颇为感怀。于是，他辗转在博客上寻到我，鼓励我就这个题材继续写下去。

一切都是文缘。于是，就闺秀这个主题，我进行了一番深入的阅读探索，有了闺秀系列的写作。并且，由于阅读范围的逐渐扩大，阅读兴趣的转移，写作对象逐渐由女作家领域扩展至女画家领域，进而是文化领域内的杰出女性。闺秀诚然是一个小众话题，但这种情怀仍鲜活地在人们心中蕴藏。我自然不是这方面的专家，只是一个追寻者、仰慕者，只是想尽可能地写好一些，语言也力求简洁雅致、生动有味一些。

《才女风景——兰气息，玉精神》写的多是女作家、女学者，有几位是当代学者，但身上却有着过去时代的旧味。这一领域内的人物，有的是众所周知的人物，如杨绛、苏雪林、张爱玲，有的则显得略微小众，如王兰馨、葛福灿、袁荃猷等。她们身上既保留了中国传统女性端庄、婉约的特点，有的又吸收了西方先进文化，带有现代女性个性解放、思想活跃的特征。无一例外，她们都优雅知性、落落大方……关注她们，是因为她们有一种穿梭古今的清雅气质，让人重温一个时代的别致与精雅。

《闺秀风雅——书画情缘惜红衣》所写全是女画家，而且多是与20世纪30年代中国女子书画会相关的一些闺秀画家。有的是当年的主力人物，如冯文凤、陈小翠、顾飞、谢月眉等人，有的是后期加入的，如江南蘋、厉国香、贝聿玿等。但无一例外，她们的岁华才情、风华画缘、风致旧影、素心沧桑，都曾经牵动我的心结，也就使我颇为关注她们的一举一行，对她们的诗词、画作，一有心得，即援笔成文。本书中钩沉的女画家，自成一格，是萧条异代里存留下来的清芬佳人。

《佳人风华——幽兰独抱真香色》里，有词人吕碧城，画家陆小曼，曲人樊诵芬；有社会活动家严幼韵，刺绣大师沈寿、杨守玉，教育家黄绍兰……可谓一代佳人，寂寥传奇，风华人生，一一再现。这些闺秀都是传统文化孕育出来的女文人，诗书画乐几乎无所不通，而且造诣颇深，符合传统意义上闺秀的标准。不仅如此，在这些女性身上，传统与现代相融合，引起了人们关于那个时代的无限遐想。

关注这些闺秀才女，或许和自己的家族身世有关。读过父亲多年前写的日记，得知祖上原是安徽寿州（今安徽省淮南市寿县）一个旧式大家庭，四代人居于一处，那是怎样的一种情形，可以想见。父亲从小追随叱咤风云、官至鄂豫皖边区总指挥的伯父行游他方，在北平、成都、开封、阜阳、安庆、芜湖等地都留有踪迹，年轻时候的经历不可谓不丰富。他讲述的一些旧事，他年轻时在四川、上海闯荡求学、工作的经历，时而会予我以心影留痕。家族里那些若隐若现的女性，有时也会在我心头泛起涟漪。如我的大姑母，一位典型的知识女性，身世坎坷，经历传奇，是一个典型的地方闺秀，如今已寿达九十余岁，还是那么端庄，有韵味。因而，我怀恋旧时闺秀的意味要复杂深厚一些。

但我的创作冲动或许更多萌发于那些难忘的亲历、行走、阅读、聆听的记忆。有些事情虽经多年，但仍历历在目：葛福灿女士讲述往事时眼角沁出的泪花；沈扬老师一讲再讲赵清阁的故事，对她的人生充满了别样的关注；曾经住宿中山大学，访陈寅恪故居，见唐筼与家人的合影照，旧日影痕刻于心头；与程乃珊老师会面的场景，一直在记忆里回放；珞珈山下，访苏雪林、沈祖棻、凌叔华旧事，也切切难忘；在苏州九如巷，似乎总能听到张家四姐妹的欢声笑语；宋路霞老师语爽情真，她讲述的参加严幼韵生日派对的故事，确实难得；江南蘋女儿江琦老师对母亲的回忆，充满了温情；裘因老师的眉眼灵动，与母亲顾飞很像，她对母亲的怀念也令人动容……

文史画界尽风流，这些闺秀的故事，是曾经的风雅。她们的人生，宜读，宜赏，宜品评。

需要说明的是，《闺秀风雅——书画情缘惜红衣》中关于中国女子书画会中女画家的描写，其实只是冰山一角，仅是抛砖引玉，以期引起更多人的关注，挖掘出更多的史料，还原她们曾经的风华经历。

这套闺秀小丛书的出版，得到古吴轩出版社领导及其同人的一再关心，在此感谢钱经纬社长、唐伟明副总编辑、陆月星主任等的大力支持。在写作过程中，卢润祥老师不仅为我倾情作序，还为拙稿提出许多中肯的意见和建议，在此一并感谢。

鱼麗

戊戌暮春，于海上清徽小筑

己亥春日定稿